W0468760

REISEN IN EUROPA

# MADEIRA

Es ist schwer zu sagen, was auf Madeira das schönste ist: der Garten am Palasthotel, der auf dem Felsenplateau hoch über dem Meere thront, die blumengeschmückten Straßen der Stadt, der Weg nach Câmara de Lobos, wo grünende Bananen und Zuckerrohrfelder am Meere entlang sich ziehen, das wild zerrissene Gebirge des Inneren oder die Wälder auf dem Monte. Nach dem gräßlichen nordeuropäischen Winter schien uns diese Blumeninsel ein wahres Paradies zu sein.

MAURICE VON KOMOROWICZ, An sonnigen Gestaden, 1911

Am Pico do Arieiro: Bergpanorama im Zentrum Madeiras.

Blick über Porto da Cruz auf den markanten Adlerfelsen an der Nordostküste.

REISEN IN EUROPA

# MADEIRA

Fotos Hubert Stadler
Text Wendula Dahle · Wolfgang Leyerer

BUCHER

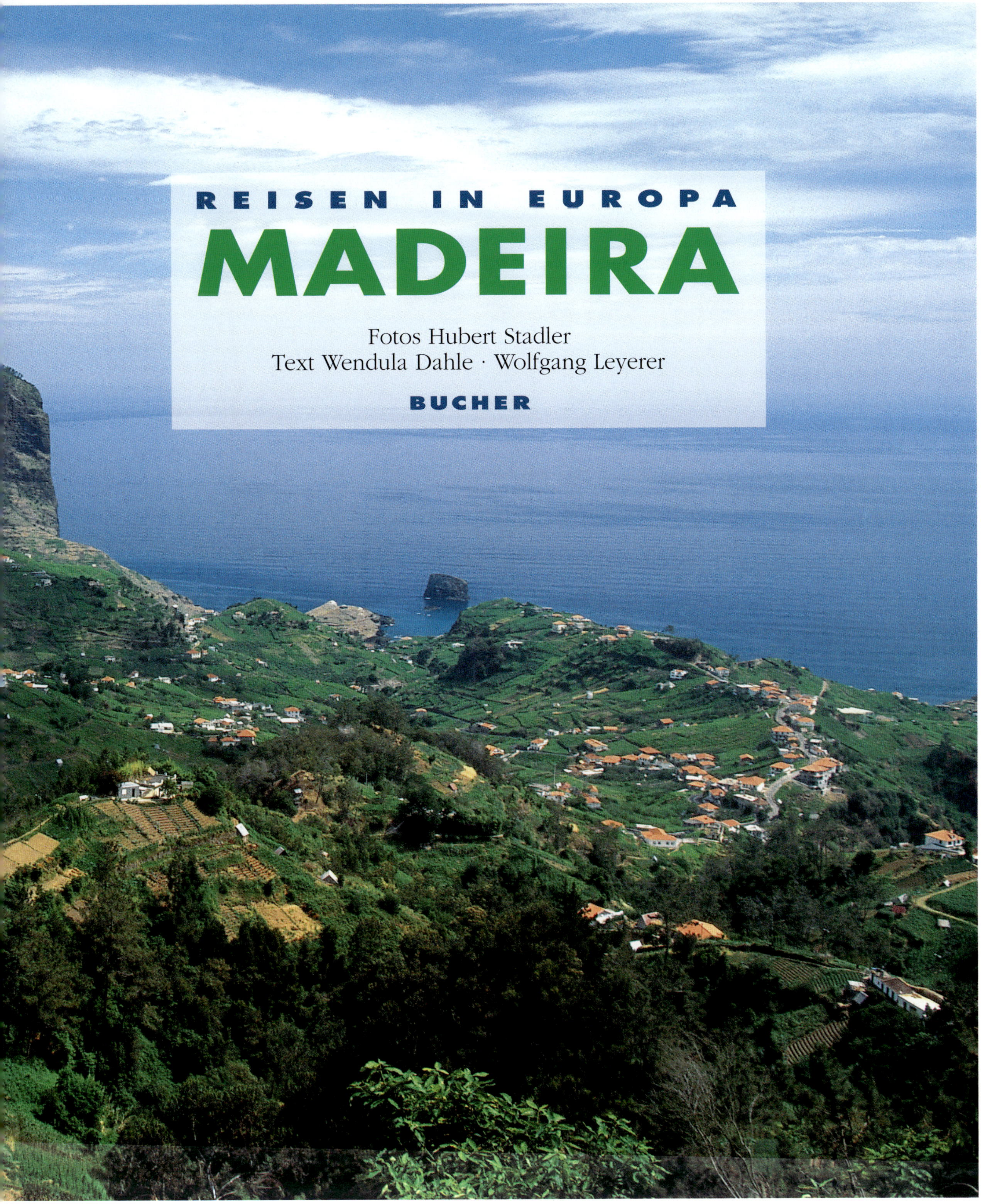

## SCHWIMMENDER GARTEN IM ATLANTIK

**Links oben:** Korbweidenbinderin in Santana.

**Links Mitte:** Auch noch in 1400 Meter Höhe blüht von März bis Juli auf Madeira der Besenginster.

**Links unten:** Entspannung von der harten Arbeit auf dem Atlantik bietet diesen Fischern in Câmara de Lobos das Kartenspiel.

**Oben: Blick auf Seixal im Westen der felsigen Nordküste.**

Im Fischerdorf Câmara de Lobos, einer der ältesten Siedlungen Madeiras.

# SCHWIMMENDER GARTEN IM ATLANTIK

Sehr beliebt für den Muttertagsstrauß ist die dekorative Calla; sie wurde aus den Feuchtgebieten Südafrikas eingeführt und wächst wild vor allem auf der Nordseite Madeiras.

Schnee, Smog und Eisglätte durch überfrierende Nässe... In Deutschland herrscht ein Winterwetter, das es ratsam erscheinen läßt, fluchtartig das Land zu verlassen, sofern man dazu die Möglichkeit hat. Fünf Stunden später empfängt uns bei 30 Grad Temperaturdifferenz der Flughafen Madeiras. Auf einen imposanten Anflug über die kahlen Hänge der vorgelagerten Halbinsel São Lourenço folgt die von den Reisenden gefürchtete legendäre kurze Bremsung auf dem ins Meer hinausgebauten Rollfeld. Die neben der Landebahn wachsenden Drachenagaven mit ihren an Schwanenhälse erinnernden Blütenstengeln geben schon bei der Ankunft einen Eindruck vom Blumenreichtum, für den die Insel so berühmt ist.

## PARADIESISCHE BLUMENINSEL

Zu jeder Jahreszeit blühen an den Straßenrändern, in den Parks oder den kleinen privaten Vorgärten andere Pflanzen, die aus aller Welt auf die Insel gebracht worden sind. Jetzt, in der «kalten» Zeit, beherrschen rote Farbtupfer die Landschaft: Rotgelblich blühen die Aloen und hellrot die Rachenlilien, die dunkelroten Scheinblüten des Weihnachtssterns erscheinen wie Samt zwischen den hellgrünen Blättern *(siehe auch Seite 36)*. Dazwischen entfalten die ganzjährig blühenden Strelitzien und die Glocken der weißen, gelben oder auch orangenen Daturas ihre Pracht; und die Häuser und Bäume überrankende, immerblühende Bougainvillea drängt sich als Umrahmung in jedes Foto. Erst im späten Frühjahr jedoch erlebt der Blumenfreund Madeira im wahren Blütenrausch. Dann wird in der Hauptstadt das traditionelle Blumenfest gefeiert: Die Umzugswagen, mit Tausenden echter Blumen verschwenderisch geschmückt, werden vom einheimischen Publikum kritisch in Augenschein genommen, die Blumenkönigin schreitet als Strelitzie durch Funchals Straßen, und Blumenzüchter wetteifern um die ersten Preise für die ausgefallensten Orchideenzüchtungen.

Zu den endemischen (also ursprünglich nur auf Madeira vorkommenden) und den von den frühen Siedlern aus Europa eingeführten Nutz- und Zierpflanzen kamen erst im 19. Jahrhundert exotische Pflanzen aus aller Welt hinzu. Letztere verdankt Madeira seinen meist aus England stammenden Kaufleuten, die früher mit «weißem Gold», dem Zucker, dann mit dem berühmten Madeirawein *(siehe Seite 28)* weltweiten Handel trieben und ihren Stolz daran setzten, Pflanzen aus aller Welt in den Parks ihrer «Quintas» (Landhäuser) heimisch werden zu lassen *(siehe Seite 48)*. Sie bauten Laubengänge aus der aus China stammenden Kamelie, machten die dickblättrige Drachenbaum-Agave aus Mexiko zu einem charakteristischen Gewächs der Insel, zogen Proteas und Strelitzien aus Südafrika und ließen die australische Sil-

Eingebettet in fruchtbare Felder und Gärten liegen die Häuser von Boaventura nahe der Nordküste. Oberhalb des Ortes nimmt die 1966 in Betrieb gesetzte, mehr als 100 Kilometer lange Levada dos Tornos ihren Anfang.

Durch einen engen Talkessel wandert, wer São Vicente von Süden zu Fuß erreichen will. Wenn hier die Blütenpracht erfreut, so lockt nur wenig weiter im Norden schon der Blick aufs Meer.

berakazie – bei uns Mimose genannt – anpflanzen, die im Winter die höher gelegenen Hänge mit ihrem Duft erfüllt. Viele exotische Pflanzen fanden ihren Weg aus diesen herrschaftlichen Gärten in die Vorgärten der «kleinen Leute» und in die Stadtparks Madeiras.

## MADEIRA ZU FUSS – FRÜHER UND HEUTE

Es heißt, wer Madeira kenne, kenne alle Inseln der Welt. Madeiras landschaftliche Besonderheit liegt in der Tat in der unglaublichen Vielfalt von Blicken auf das Meer, auf Steilhänge und Täler, der Erfahrung verschiedener Klimazonen auf engstem Raum und der einheimischen wie auch der aus aller Welt importierten Flora. So ist es vielleicht ein Glück für Madeira, daß die Hotelneubauten sich am westlichen Rand von Funchals Bucht konzentrieren, denn so blieb außerhalb von Funchal die alte Kulturlandschaft Madeiras weitgehend erhalten. Nur wenige Kilometer vom Stadtrand entfernt beginnt eine faszinierende Bergwelt, die sich auf alten Wegen entlang der Steilküste, auf den schmalen Mauern der Levadas (Bewässerungskanäle) oder auf Treppen, die in die Felsen gehauen sind, allein dem Wanderer erschließt. Ein Teil dieser alten Wege wurde allerdings bereits leichtfertig zerstört: So ist die Hochebene von Paúl da Serra nicht mehr auf den jahrhundertealten Pfaden erreichbar, und die Gebiete westlich des Encumeada-Passes sind mit ihren Geröllhalden unfertiger Straßenarbeiten für Wanderer nun kaum noch attraktiv.

Das 1865 gegründete Fotostudio Vicentes, Portugals erstes Fotoatelier, hat auf 400 000 Fotoplatten nostalgische Bilder der Insel bewahrt: Reisende wer-

Augenfälliger Kontrast am Wegrand: Vorfahren dieser orangeroten Dahlie, deren Artgenossen auch in unseren heimischen Gärten wachsen, kamen bereits vor Jahrhunderten aus Mexiko nach Europa.

Bei São Jorge an der Nordostküste. Von Calhau im Osten ist São Jorge gut über einen Küstenweg zu erreichen, der während des Fußmarsches Aussicht über den Atlantik bietet.

den in Hängematten auf den höchsten Berg der Insel getragen, seriöse Herren mit Melone und Spazierstock lassen sich in Korbschlitten Berge hinunterbefördern, ein Bild zeigt eine reich verzierte geschlossene Sänfte, ein anderes einen Ochsenschlitten mit zugezogenen Vorhängen *(siehe auch Seite 60)*. Weinfässer werden nicht gerollt, sondern auf Schlitten die Berge hinab bis zur Kellerei gezogen; eine Zahnradbahn verkehrt auf steiler Strecke zwischen dem Hafen und dem 600 Meter höher gelegenen Stadtteil Monte und sogar dem 900 Meter hoch gelegenen Terreiro da Luta. Männer tragen Körbe mit Fischen auf dem Kopf oder geflochtene Tragen mit warmem Mittagessen für die Arbeiter an einem Joch über der Schulter: Die Steilheit des Geländes forderte bis zum Beginn unseres Jahrhunderts den Erfindungsreichtum der Madeirenser heraus, die ohne Straßen ihre Güter transportieren, das Land bestellen oder ein anderes Dorf erreichen mußten. Dutzende von Bergpfaden, Hunderte von Levadawegen, Tausende von Treppen und gewagten Stufen durchziehen noch heute die kleine Inselwelt. Die Studioaufnahmen der Vicentes, die vielen Fliesenbilder in Funchals Straßen und selbst Madeiras Briefmarken zeugen vom Stolz der Madeirenser auf ihren Erfindungsreichtum, mit dem sie die Steilheit ihrer Insel als Herausforderung annahmen.

Hier darf der Wanderer beruhigt zugreifen: Blüten und Blätter der aus Peru stammenden Kapuzinerkresse sind eßbar und eine erfrischende Delikatesse, die auch in unseren Breiten gezogen werden kann.

## DIE MÜHSAL DER LANDWIRTSCHAFT

Nur langsam haben wir auf Madeira Weg für Weg kennengelernt – und diese unseren madeirensischen Freunden gezeigt. Am liebsten beginnen wir unsere

# FEUERWERK, BLUMEN UND ESPETADAS

### Feste der Madeirenser

*In den Hotels von Funchal geben dem Gast Folkloregruppen einen Eindruck von Madeiras Festfreude – schöner aber ist es, selbst dabei zu sein, ob nun in den belebten Straßen der Hauptstadt oder auf einem Dorfplatz.*

Gefeiert wird auf Madeira oft und ausgiebig. Die vielen religiösen Dorffeste zu Ehren des örtlichen Schutzpatrons haben einen eher derben, volkstümlichen Charakter. Neben Prozession und Gottesdienst gehören auch Feuerwerk, Musik, Tanz, Essen und Trinken dazu: An Lorbeerzweigen aufgespießte Fleischstücke, die man vor Ort aus dem abgehängten Rind herauslöst, werden gegrillt, – die *Espetadas*; dazu zieht der Duft des auf Blechen gebackenen Fladenbrotes über den Platz, und der Fremde wird herzlich zum Probieren des lokalen Weines eingeladen.

Weihnachten und der Jahreswechsel sind die eindrucksvollsten, auf der ganzen Insel begangenen Feste. Ab 8. Dezember (Mariä Empfängnis) werden verschiedene Samen in Töpfen ausgesät; das Grün der Sprossen schmückt dann zu Weihnachten die Krippe mit ihrer madeirensischen Landschaft. Das Schwein, über das Jahr gemästet, wird eine Woche vor dem Fest geschlachtet, denn häufig ist das Festgericht *Carne de vinho e alhos*, Schweinefleisch, das wie ein Sauerbraten mit Zwiebeln und Knoblauch in Wein eingelegt wird. Der *Bolo de mel*, eine Art Honigkuchen, den es inzwischen ganzjährig zu kaufen gibt, ist eigentlich ein typisches Weihnachtsgebäck.

**Oben: Funkeln und Farbenpracht beim Karnevalszug durchs nächtliche Funchal. – Unten: Zu jedem Fest auf Madeira gehören die würzigen Espetadas, die man auch im Restaurant probieren kann.**

Besonders in Funchal werden ab dem 18. Dezember immer mehr Straßenzüge und Kirchenfassaden erleuchtet, und in der letzten Nacht des Jahres bleiben die sonst hermetisch verriegelten Fensterläden bei vollem Licht weit geöffnet, so daß die Stadt im ungewohnten Glanz von etwa 50 000 Lichtern erstrahlt. Folkloregruppen, Zauberkünstler und Jongleure bieten Straßenunterhaltung. Am 24. Dezember stellen die Kinder abends ihre Schuhe unter den Schornstein, während die Erwachsenen sich tags darauf unter dem Tannenbaum beschenken. Die Nacht vorher wird in der *Sé* die Mitternachtsmesse abgehalten. Am 25. Dezember tritt Ruhe ein, alles ist geschlossen, man feiert in der Familie.

Das neue Jahr wird mit einem weltberühmten Feuerwerk begrüßt; die Schiffe, die zu diesem Anlaß Funchal angelaufen haben, feuern ihre Leuchtraketen ab und verlassen langsam den Hafen. Auf den Straßen und in den Hotels wird getanzt. Am 6. Januar, dem Dreikönigstag, ziehen die Kinder singend von Haus zu Haus, um Süßigkeiten einzuheimsen. Am 15. Januar, dem Fest des heiligen Amaro, wird das alte Jahr vor die Tür gekehrt; der neue Festkalender beginnt:

*Februar/März*: Höhepunkt des ausgelassenen Karnevals der Madeirenser ist der Umzug kostümierter Gruppen aus allen Teilen der Insel durch Funchal.

*April*: Bei der Parade des großen Blumenfestes in der Hauptstadt wird auch an exotischen Blüten nicht gespart.

*Juni*: Bachfestival, eine Woche klassischer Musik, zu der auswärtige Orchester nach Funchal eingeladen werden.

*Juli*: In Santana wird 24 Stunden lang getanzt und gesungen.

*August*: Seit 1959 findet auf den kurvenreichen Bergstraßen der Insel die internationale Madeirawein-Autoralley statt. Am 14./15. August führt die größte Wallfahrt der Insel zur Nossa Senhora do Monte, der Schutzpatronin Madeiras. Bei der Prozession, der *Romária*, rutschen die Pilger betend die 68 Stufen zur Kirche hinauf; danach wird gefeiert.

*September*: Weinfeste. Das größte von ihnen feiert man in Estreito de Câmara de Lobos mit *Fado*, dem schwermütigen Gesang Portugals, Weinproben und der Vorführung von Szenen aus der langen Geschichte des Weines.

*Oktober*: Apfelfeste in Camacha und in Ponta do Pargo. *Wendula Dahle*

**Umzug mit Musik: Pfingstfest in Camacha.**

Musikanten spielen auf, wenn Madeira feiert. Neben den uns bekannten Saiteninstrumenten und dem Akkordeon kommen dabei gern kleine Trommeln, Bombos genannt, zum Einsatz. Rote Taillenschärpen und Halstücher akzentuieren die schlichte Tracht der Männer, die aus dem Alltagsleben meist verschwunden ist – nur in Funchal sind die Blumenverkäuferinnen und die Korbschlittenfahrer per Dekret von 1931 verpflichtet, ihr traditionelles Gewand anzulegen (siehe auch Seite 1 und 19).

Im Westen des Adlerfelsens: Faial mit seiner Kirche aus dem 18. Jahrhundert.

Winzige Innenräume zeigen die noch verbliebenen Santana-Häuser im Nordwesten Madeiras. Ihre steilen Strohdächer sind an den Seiten und an der Rückfront oft bis fast auf den Boden herabgezogen; in Verbindung mit den hölzernen, in starken Farben bemalten Fassaden machen sie diese «Puppenhäuschen» zu einem Anziehungspunkt für die meisten Inselbesucher. Es wird vermutet, daß der Ursprung des strohgedeckten Hauses im Norden Portugals liegt.

nen») im Landesinneren. Der Ort liegt 600 Meter hoch, die Schlucht, die der Fluß mit dem pathetischen Namen Ribeiro dos Socorridos («Fluß der Geretteten») sich gegraben hat, gibt im Süden einen kleinen Blick aufs Meer frei. Das Hochgebirge der Insel umschließt diesen wohl durch Erosion entstandenen Kessel mit scheinbar unzugänglichen steilen Felswänden.

**Portugal wird vorwiegend mit Bananen aus Madeira versorgt. Die heute wichtigste Anbaufrucht der Insel wird an der Südküste kultiviert und noch leuchtend grün geerntet.**

Wir beginnen unsere Wanderung, indem wir uns bis zum Ende des Tales entlang der «Ribeira do Curral» fahren lassen. Die neue Straße erspart seit 1994 den Bauern die Mühsal, die 860 Stufen zum Ortskern hochzusteigen; sie hat dem Tal aber auch die Ruhe genommen, und vergeblich suchen wir die uns vertrauten bunt angestrichenen Häuschen inmitten üppiger Gärten entlang des Baches. Doch der schmale Pfad, der uns am Talende zum Pico Ruivo hinaufbringen wird, ist immer noch zu finden – und auch noch etwas von der Lebenskultur dieses bis vor kurzem so abgeschiedenen Dorfes.

**Traum jeder Floristin im nördlicheren Europa wäre es wohl, ihren Kunden eine solche Vielfalt an Blüten aus heimischen Beständen anzubieten. In Funchal darf man das allerdings nur in der überlieferten Kleidung der Blumenfrauen.**

Der kleine Fußweg entlang der schnell fließenden Levada, die irgendwo an einem großen Bach oberhalb von uns ihre «Madre» (Anfang) hat, führt uns durch einige terrassierte Felder – «Poios» –, auf denen unter den jetzt kahlen Rebstöcken des Weines Tomaten, Bohnen und Süßkartoffeln wachsen. Dazwischen leuchten die Früchte der Orangen- und Zitronenbäume, auch entdecken wir an hohen Laubbäumen die hellgrünen, geschuppten Anonas (Cherimoya oder auch Zimtapfel; *siehe Seite 72*) und an den Tomatenbäumen die bräunlich-roten Tamarillos. Wir freuen uns über die knalligen Farben der Fenster und Türen und über die Blumenpracht, der aber nur im Hausbereich Raum gelassen ist, denn auf allen «Poios» wird das lebensnotwendige Gemüse angebaut.

**Ein tiefer Griff in pralle Kirschen: Wenn auch in den Hausgärten Funchals noch viel zum persönlichen Bedarf gezogen wird, so sind doch viele auf das breite Angebot aus der Umgebung angewiesen.**

Ist auf Madeira die Armut idyllisch? Sind die Madeirenser von Natur aus besonders fleißig und genügsam, wie man es oft liest? Die kunstvoll angelegten Terrassen an jedem noch irgendwie geeigneten Steilhang, eine komplizierte Erntefolge über das ganze Jahr verteilt, ein ausgeklügeltes Bewässerungssystem mit einzelnen Wassereigentümern und vielen Wassermietern, mehrstöckige Häuser, die das Land zersiedeln, Ställe, in denen nur eine Kuh Platz hat, und weit verstreuter Besitz oft nur handtuchgroßer Felder sind das Ergebnis der besonderen landwirtschaftlichen Erschließung der Insel seit ihrer ersten Besiedlung und ihrer geschichtlichen Entwicklung.

Portugiesische Seefahrer nahmen 1419 im Auftrag von Prinz Heinrich die unbewohnten Inseln Porto Santo und Madeira für Portugal in Besitz *(siehe Seite 63)*. Diese ersten Kolonisten, denen viele Monumente auf Madeira gewidmet sind, wurden für ihre

Prüfendes Anfassen ist erlaubt auf dem Mercado dos Lavradores, dem Bauernmarkt rund um die Markthalle von Funchal, auf dem sich Händler, Restaurantköche aber auch Privatleute mit frischem Obst und Gemüse eindecken. Vor allem am Donnerstagabend treffen hier Kleintransporter aus allen Teilen der Insel mit frischer Ware ein; mit den «Großkunden» wird noch nachts um die Preise gefeilscht.

pflichtet. So wurden sie im wörtlichen Sinn «Statthalter» der portugiesischen Krone: Teixeira erhielt Machico (1440), Perestrelo Porto Santo (1446) und Zarco Funchal (1450). Ihre Aufgabe war es, aus Madeira einerseits einen Anlaufhafen für die sich entfaltende Seemacht Portugal zu machen, andererseits mit dem Anbau von Zuckerrohr (ab 1425) Italiens Monopol im Handel mit dem «weißen Gold» zu brechen und zugleich eine Landwirtschaft für die Selbstversorgung der Inselbewohner aufzubauen. Dafür setzten die Statthalter ihrerseits Adlige, die sich verdient gemacht hatten, als «Fidalgos» (Lehnsherren) ein, die den frisch gerodeten Boden innerhalb einer Frist von fünf bis zehn Jahren nutzbar zu machen hatten. Diese holten sich «Colonos» (Pächter) aus ganz Europa: Ihre Verwandten schickten Landlose und Strafgefangene nicht nur aus Portugal, vor allem der Algarve, sondern auch aus Flandern, Genua, England und Frankreich.

Fisch muß kühl gelagert werden, wenn seine Qualität erhalten bleiben soll; deshalb – und wohl auch wegen des Geruchs – ist der Fischmarkt von Funchal im hinteren Teil der Markthalle untergebracht.

Für die Anlage der häufig nur kleinen Terrassen und die oft in schwindelerregender Höhe kunstvoll in die Felsen gehauenen Bewässerungskanäle, die berühmten Levadas, wurden erfahrene maurische und für die Arbeit in den Zuckerrohrplantagen schwarzafrikanische Sklaven importiert, an die heute zahlreiche Namen von Plätzen und Straßen erinnern.

In der Frage des Eigentumsrechts an Grund und Boden wurde auf Madeira eine Variante des damaligen europäischen feudalen Pachtsystems durchgesetzt, die trotz der Bemühungen der «Nelkenrevolution» von 1974 noch immer nicht vollständig aufgehoben ist: 40 Prozent der Bauern bearbeiten auch heute noch die Felder als Pächter großer Landeigner oder als Angestellte von Gesellschaften, vor allem an den für den Weinbau ertragreichen Hängen.

In der 1940 eröffneten Markthalle im Osten von Funchals Altstadt werden neben Blumen, Käse und Fleischwaren aller Art auch handwerkliche Produkte angeboten; und wem der Bauernmarkt draußen nicht ausreicht, der findet hier täglich, außer sonntags, eine breite Palette von Obst und Gemüse.

Wie war dieses System organisiert? Die Pachtverträge zwischen den «Fidalgos» und den «Colonos» beruhten auf einem «Grundstücksverbesserungssystem» («Bemfeitoria»): Die Kosten und Erträge des Anbaus wurden zu gleichen Teilen zwischen Eigentümern und Pächtern geteilt, während Verbesserungen an Mauern, Ställen und Stellagen sowie gepflanzte Bäume Eigentum des Pächters wurden. Doch wie kann man Eigentümer dieser Dinge sein, wenn das Land einem nicht gehört? Natürlich hatte der Grundeigentümer das Recht, sein Land zu verkaufen, zu teilen oder zu verschenken. Dann mußte er jedoch den Pächter «angemessen» entschädigen, denn die Verbesserungen wurden schließlich mitverkauft, was viele Pächter immer wieder zu «Landlosen» machte, einige aber auch zu «freien», das Land besitzenden Bauern werden ließ, wenn sie in der Lage waren, es selbst zu kaufen. Zur Feststellung des Werts der «Landverbesserungen» wurde ein spezieller Schiedsrichter eingesetzt. Die Lehnsherren teilten oft ihr Eigentum, um flexibler im Verkauf zu sein. Die Bauern wiederum entwickelten die heute noch übliche Praxis, auf denselben Feldern, die den «Culturas ricas» (gewinnbringender Anbau von Bananen, Zuckerrohr und heute vor allem Wein) gewidmet waren, deren Erträge sie bensnotwendige anzupflanzen – denn das blieb ihr Eigentum. Die «brüderliche Teilung» ließ allerdings die Kosten der Arbeit außer Betracht: So lebten die einen auf ihren Landsitzen und konnten sich der Pflege ihrer Parks und dem Handel widmen, die anderen arbeiteten schwer und gaben Madeira sein heutiges Gesicht einer mühevoll angelegten und unterhaltenen Terrassenkultur mit verstreuten Ställen und Häusern.

Gutes für einen geselligen Abend: Einige Flaschen Madeirawein hat dieser Händler für die Kunden ausgewählt, und seine gute Laune sollte man dabei nicht unbedingt auf eine vorherige Weinprobe zurückführen.

Jahrhundertelang wanderten «überflüssige» Madeirenser in alle Welt aus, vor allem in die überseeischen Besitzungen Portugals, weil das Pachtsystem kinderreiche Familien verhungern ließ. Heute versuchen die jungen Leute, auf dem Festland oder wenigstens in Funchal Geld zu verdienen. Die Bauern können zwar durch intensiven Gemüse- und Weinanbau, der selbst noch in Funchals Stadtgärten betrieben wird, durch das Halten von Ziegen, Kaninchen, einer Kuh und eines Schweins, das zu Weihnachten geschlachtet wird, sich selbst ernähren und die Lohnabhängigen ihr niedriges Einkommen durch Naturalien ein wenig aufbessern – aber kaum einen Überschuß erwirtschaften, der sich verkaufen ließe. Welch ein Unterschied zur Landwirtschaft beispielsweise in der Norddeutschen oder Holländischen Tiefebene! Dort bereiten die Bauern mit Treckern die Aussaat für das kommende Jahr vor, unter großen Glasdächern reifen die Tomaten das ganze Jahr über. Wenn ein Bauer in Holland 100 Säcke Kartoffeln erntet, wird der madeirensische Bauer mit demselben Arbeitsaufwand gerade einen seiner Weidenkörbe gefüllt haben! Die Madeira-Kartoffeln mögen zwar besser schmecken, aber die großen Hotels der Insel beziehen ihr Obst und Gemüse schon lange vom Festland und nicht von Funchals Markt, wo sie viel teurer sind.

**Welchen Service die Touristen früher genossen, zeigt dieses Fliesenbild in Funchal. Im Hintergrund dampft die Zahnradbahn, die von 1893 bis 1953 vom Stadtzentrum Funchals hinauf nach Terreiro da Luta nördlich von Monte fuhr; im Vordergrund hat es sich die fröhliche Ausflüglerin im madeiratypischen Korbschlitten (siehe Seite 60) bequem gemacht.**

Für Madeiras Bauern hat sich im Grund genommen seit Jahrzehnten, ja vielleicht seit Jahrhunderten nicht viel verändert: Die Frauen gehen mit schweren Gummistiefeln und groben warmen Röcken auf die Felder, um das Gemüse anzubauen und zu ernten, die Männer hacken und schleppen die Erde in Weidenkörben von den umgegrabenen steilen Terrassen zurück zu der obersten Furche, die Kinder laufen mit ihren «Carapuças» (dicke Wollmützen mit Ohrenklappen), die Schulsachen in einem Sack über der Schulter, den langen Weg zur Schule, Halbwüchsige klemmen lässig ihre Sichel unter den Arm, mit der sie Grünzeug für die Haustiere schneiden, und jeder packt zu, wenn das zugeteilte Wasser die Felder erreicht. Doch zeigt der Vergleich mit alten Fotos, daß sich seit der «Nelkenrevolution» in Portugal (1974) auch einiges für die Bewohner entlegener Dörfer verbessert hat: Sie laufen nicht mehr barfuß durch die oft feuchte Kälte, alle Kinder besuchen die Grundschule, während ihre Eltern häufig weder lesen noch schreiben können. Auch Curral hat seitdem einigen Wohnkomfort erreicht: Die steilen Treppen, die die Berghänge zu den Feldern, Ställen, Levadas und den entlegeneren Häusern hinaufführen, sind seit Ende der 60er Jahre beleuchtet. Um diese Zeit wurden drei Elektrizitätswerke in das System der Levadas einbezogen. Daß die Häuser über Strom verfügen, auch wenn sie abends dunkel sind, da die Fensterläden geschlossen werden, beweisen die Fernsehantennen: Selbst in diesem Tal wird «Radio Madeira» empfangen, das den Madeirensern 1986 zu Weihnachten «geschenkt» wurde.

## EINLADUNG ZUM MADEIRAWEIN

Wegweiser für die vielen schönen Wanderungen, die alle bei Curral das Freiras beginnen, gibt es nicht. Dieses Mal suchen wir den direkten Aufstieg zum höchsten Berg der Insel, dem Pico Ruivo («Roter Berg»). Der Weg ist auf keiner Karte verzeichnet, wir kennen ihn bisher nur vom Hörensagen und wissen die Richtung: Er liegt im Nordosten von Curral.

Einen Bauern, der gut Englisch spricht, fragen wir, wo der Weg weitergeht, doch er ist selbst nur Gast in seinem Dorf – einer der vielen über Weihnachten zu Besuch weilenden Ausgewanderten. Seine Großmutter aber weist mit flinker Handbewegung, die vage mehrere Biegungen und Abzweigungen erkennen läßt, nach oben. Es sei einfach, und nach zwei Stunden würden wir die Berghütte erreichen, wir müßten aber noch ihren Heurigen probieren. Es ist ein Rotwein aus der im Tal angepflanzten hybriden Rebe, ein «Vinho da Casa» also, der nichts mit dem berühmten Madeirawein zu tun hat. Wir wissen bereits aus Er-

Nächtliches Funchal. Die tagsüber so belebten Einkaufsstraßen der Altstadt, überragt vom Turm der Kathedrale Sé, wirken verlassen; Funchals Nachtleben spielt sich vorwiegend in den Diskotheken und Bars der Hotels im Westen der Stadt oder in deren Umgebung ab.

Ohne Passanten kommt die mosaikgeschmückte Fläche des Rathausplatzes von Funchal besonders gut zur Geltung. Diese Art der Pflasterung gehört zu den Besonderheiten Madeiras (siehe Seite 66).

Weit über die Hänge ausgedehnt hat sich Funchal, die belebte Hauptstadt der Insel.

40

In Funchal.
In der Öffentlichkeit in geselliger Runde zusammenzusitzen, ist auf Madeira meist den Männern vorbehalten – die Frauen sind sehr viel mehr als bei uns noch auf den häuslichen Raum beschränkt.

In Câmara de Lobos. Die Mehrzahl der Männer verdient hier den Lebensunterhalt für ihre Familie mit harter Arbeit als Fischer oder in den Weinbergen.

fahrung, daß jeder lokale Wein seinen eigenen Charakter und von Jahr zu Jahr auch einen anderen Geschmack hat – eine wahre Appelation d'origine!

Kaum haben wir ein Glas geleert, wird es nachgefüllt. Als ich nur zögernd an meinem zweiten Glas nippe, bringt die Großmutter eine andere Flasche, die im Gegenlicht dunkelrot samtig aufleuchtet. Ich ahne, was uns jetzt kredenzt wird: Es ist ein hausgemachter Malvasia, ein echter süßer Madeira. Stammt er vom Weinberg hier im schattigen, kühlen Curral-Tal? Die Familie hat durch die vielen Erbteilungen auch Felder an der Südseite, bei Estreito, wo die Malvasiatrauben windgeschützt in der Wärme langsam heranreifen. Die Großmutter zeigt uns ein unansehnliches dunkles Eichenfaß, das neben der Weinpresse steht: Vor dreißig Jahren füllte ihr Vater einen guten Jahrgangswein ab, versetzte ihn mit selbstdestilliertem Weingeist und ließ ihn auf einer Stellage unter dem Dach seines Hauses zu einem «Vinho canteiro» heranreifen. Noch immer füllt ihr Sohn die verdunstete oder entnommene Menge mit der besten Sorte des Jahres nach, so daß der neu gemischte Wein wieder den Geschmack dieses ganz besonderen Trankes annimmt.

Wir rechnen ehrfurchtsvoll nach – wer von uns ist älter als der Wein? – und probieren in kleinen Schlukken diesen «Solera», der sonst nur zu festlichen Banketten gereicht wird. Noch bei keiner Weinprobe konnten wir so genau die Beere schmecken, so süß, schwer und aromatisch lag der Wein auf der Zunge. Ungläubig schauen wir auf das Faß mit diesem greisen Wein. Wir werden belehrt, daß dies das Besondere am Madeirawein sei: Er braucht zum einen die Luft zum Reifen, zum anderen ist das Alter, in dem andere Weine zu Essig umkippen, für ihn gerade die Garantie für höchste Qualität. Leider drängt die Zeit, und so verabschieden wir uns von den freundlichen Gastgebern und brechen wieder auf, um die Berghütte auf Madeiras höchstem Berg noch vor Einbruch der Dunkelheit im aufrechten Gang zu erreichen.

## AUF STUFEN INS HOCHGEBIRGE

Nach den letzten strohgedeckten einsamen Ställen («Palheiros»), in denen jeweils nur eine Kuh steht, die täglich mit Futter versorgt werden muß, weil die Terrassen zum Weiden keinen Platz lassen, wählen wir den Hauptweg am Bach entlang. Wir laufen über Hunderte von Eßkastanien *(siehe auch Seite 36)*, mit denen wir unsere Taschen vollstopfen, um sie später am Kaminfeuer der Berghütte zu rösten, und sammeln kleine Äpfel auf. Sie werden unser Picknick ergänzen, das wir im letzten, noch wärmenden Sonnenschein auf einer winzigen, aber natürlich auch bebauten Terrasse genießen. Das Wasser aus dem Bach ist klar und ohne Bedenken zu trinken, denn wo könnte es sauberer sein als hier oberhalb des Dorfes?

Einen Bauern, der auf der Suche nach seinen Ziegen ist, fragen wir vorsichtshalber noch einmal nach dem richtigen Weg und müssen feststellen, daß wir eine Abzweigung inmitten von Brombeer- und Heidelbeerbüschen verpaßt haben. Zum Glück bietet er uns seine Begleitung an. Nach einer freien Fläche steigt der Weg oberhalb der Baumgrenze in Serpentinen steil an. Noch immer liegen 1000 Höhenmeter vor

**Am Pfingstsonntag veranstalten die Bürger von Câmara de Lobos zu Ehren des Heiligen Geistes eine Prozession mit Booten auf dem Meer, und Musik darf dabei nicht fehlen.**

uns und sollen vor Sonnenuntergang, also in weniger als zwei Stunden, überwunden werden. Es wird dunkler und dunkler, wir wissen, eine Abenddämmerung gibt es zu dieser Jahreszeit hier im Süden kaum. Verbissen laufen wir hinter dem Bauern her, der weder schwitzt noch keucht wie wir. Er umgeht einige Steinwälle und bringt uns zu einem versteckten Einschnitt in der jäh über uns aufragenden Felswand. Hier finden wir als ein typisches Merkmal der Gebirgswege Madeiras eine kunstvoll in den Stein gehauene Treppe, auf der wir rasch an Höhe gewinnen. Mehrere hundert Jahre wird sie alt sein und einst der Bevölkerung dazu gedient haben, von Norden nach Süden zu gelangen; jetzt wird sie nur gelegentlich von Hirten und von Wanderern wie uns benutzt.



*Fortsetzung Seite 33*

# EIN VARIATIONSREICHER TROPFEN

## Der Madeirawein

*«Zunge in Madeirasauce» ist ein bekanntes Gericht der feinen Küche, doch mit einem «echten Madeira» hat der dafür verwendete Wein wenig gemeinsam.*

Ein dem Port ähnlicher Wein mit vier Geschmacksrichtungen von trocken bis süß ist der Madeira, auf den die Madeirenser mit Recht so stolz sind, daß er den Namen der Insel trägt. Das Außergewöhnliche des Madeiraweines ist seine Herstellung: Nach Abschluß der Fermentierung wird er erhitzt (bis 50 Grad), wodurch er karamelisiert. Bei diesem Prozeß wie auch bei der späteren Reifung wird darauf geachtet, daß der Wein mit viel Sauerstoff in Kontakt kommt, was andere Weine ungenießbar machen würde. Der erwünschte Alkoholgehalt von 19 Prozent wird durch «Aufspriten» mit reinem Weinalkohol erreicht.

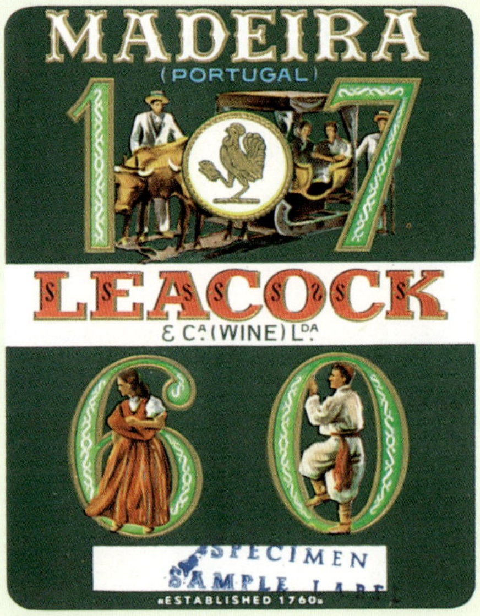


Stolz auf Tradition: Etikett der Firma Leacock.

Die vier bekanntesten Rebensorten, aus denen Madeirawein gekeltert wird, bestimmen seine Eigenschaften: Der trockenste ist der helle, leichte *Serçial*, der

Oben: Weinanbau bei Faial. Weinlese ist von August bis November. – Unten: Weinlagerung in Funchal.

in jungen Jahren eine leicht würzige, aber angenehme Schärfe besitzt. Er eignet sich, ebenso wie der goldfarbene *Verdelho*, der nicht ganz so trocken ist wie der Serçial, hervorragend als Aperitif. Ein typischer Dessertwein dagegen ist der *Malvasia*, auch *Malmsey* genannt, früher der klassische und begehrteste Madeira. Er ist von dunkler Farbe mit süßem, fruchtigen Aroma und wird um so schwerer, je älter er wird. Nicht ganz so schwer und süß ist der *Boal* oder *Bual*, der für unseren heutigen Geschmack harmonischer wirkt.

Ist auf dem Flaschenetikett die Rebsorte vermerkt, so muß der Wein wenigstens zu 85 Prozent von dieser Sorte stammen und mindestens fünf Jahre lang in

Eichenfässern gereift sein. Die nächsten im Handel erhältlichen Altersstufen ergeben mit zehn Jahren einen «Special Reserve» und mit 15 Jahren einen «Extra Reserve». Für alle Weine gilt, daß sie ihren eigenen Charakter um so besser ausbilden und um so weicher werden, je älter sie sind. Die billigeren Sorten, auf deren Etikett allein die «Süße» des Weines vermerkt ist, werden aus der Rebe *Tinta Negra Mole* gewonnen, die je nach Anbaugebiet und Verschnitt mit den Originalreben den Geschmack der klassischen Reben simuliert.

Die frisch gekelterten und gegorenen Weine werden heute in der Regel in großen Tanks mit Wasserrohren beheizt, aber für eine kleinere Menge erlesenen Weines kommt noch das alte Verfahren der *Estufas* («Öfen») zur Anwendung: «Entdeckt» wurde die Fähigkeit des Madeiraweines, sich durch Erhitzen zu einem hervorragenden Likörwein zu verfeinern, vor etwa 180 Jahren durch Zufall. Auf und in den Schiffen, die den damals noch unbehandelten Wein in alle englischen Kolonien brachten, wurden die Fässer durch die Sonne erwärmt, so daß sich sein Geschmack veränderte. Lange war davon auf der Insel nichts bekannt, bis eines Tages Sendungen, die nicht ausgeliefert werden konnten, nach zweimaliger Überquerung des Äquators nach Madeira zurückkehrten. Daraufhin wurden die Fässer mit jungem Wein wieder zweimal über den Äquator verschifft, bis man herausfand, daß die Sonnenwärme daheim den gleichen Effekt hat. Und so werden die edlen Sorten auch heute noch in Glashäusern in die Sonne gestellt, um langsam zu einem *Vinho do canteiro* zu reifen.

Nutzen Sie den Besuch auf der Insel aus, um diese Gaumenfreude kennenzulernen. Zum Mixen in Cocktails eignet sich vor allem der Serçial. Auch eine auf der Insel gern getrunkene Spezialität sollte man einmal probieren: Ein Schuß *Rain-*

Faßtransport per Ochsenschlitten (Weinetikett).

*water* – ein ganz spezieller Verdelho-Verschnitt – in einem heißen Kaffee, garniert mit einer Zitronenschale, ergibt den *Cortado*. *Wolfgang Leyerer*

Levada bei Rabaçal. In der regenarmen Zeit, zwischen April und Oktober, wird heute praktisch jedes Feld auf Madeira mit Hilfe der Levadas bewässert. Sie werden ständig gewartet, und es ist genau festgelegt, in welchen Zeitabständen und für wieviele Stunden die Zuläufe zum Land jedes Bauern geöffnet werden.

Die weiße Kapelle am Hafenbecken von Câmara de Lobos geht auf eine Gründung des Inselentdeckers Zarco zurück.

Feldarbeit für Schwindelfreie: Bis unmittelbar an den Rand der Steilküste erstrecken sich hier, beim Cabo Girão, die kleinen, mit viel Mühe angelegten Äcker.

Die Südküste bei Câmara de Lobos. Bis in 300 Meter Höhe werden an den sonnenreichen, von Levadas bewässerten Hängen Bananen angebaut. Vorwiegend für den Eigenbedarf zieht man exotische Früchte wie Anonas (siehe Seite 72) und Papayas.

Viele Hände müssen bei der Kornernte helfen, denn Maschinen fänden auf den Terrassenfeldern weder Platz noch einen Weg dorthin. Wird mehr Getreide geerntet als die Familie braucht, verkauft man den Überschuß auf dem Markt.

Der Bauer verabschiedet sich, jetzt ist der Weg nicht mehr zu verfehlen. Er selbst muß am gegenüberliegenden Hang, bevor es ganz dunkel wird, noch seine Tiere finden. Wir haben in nur 45 Minuten 800 Meter an Höhe gewonnen und legen erschöpft eine Rast ein. Unter uns sehen wir im Curral-Tal zwischen Straßenlaternen einzelne Häuser liegen. In einigen Gärten «blühen» bunt die weihnachtlich herausgeputzten Bäume – rote Glühbirnen im Tomatenbaum, grüne im Apfelbaum und blaue auf der Palme.

Wir passieren noch zwei Ziegengatter, die wichtigste Orientierung beim Gebirgswandern auf Madeira, klettern über einen Bach, ersteigen über eingemeißelte Stufen eine weitere steile Felswand und überqueren einen markanten bewachsenen Felsvorsprung. Dann erreichen wir trotz der hereinbrechenden Dunkelheit den bequemen, uns bekannten Höhenwanderweg, der diesen Teil der Insel von Osten nach Westen auf den Kämmen der höchsten Berge durchzieht. Wir werden in der Berghütte vom Pico Ruivo übernachten. Wir sind die einzigen Gäste, im Kamin brennt bereits ein Feuer, aber es wärmt dieses Haus, das 1800 Meter hoch auf der Nordseite des Kammes liegt, kaum. Bald frieren wir erbärmlich, und auch die Familie des wortkargen Wirts, der die Hütte für die Naturschutzbehörde bewirtschaftet, drängt sich um das Feuer. Nachts heult der Wind um das Haus und rüttelt an den Fensterläden, während wir mit Wärmflaschen unter fünf oder mehr Wolldecken liegen.

Nur zwei von uns überschlafen den Wecker um sieben Uhr nicht, ziehen sich warm an und zeigen später stolz ihre Fotos: Im fahlen Gegenlicht erscheint noch vor den ersten grellen Sonnenstrahlen die Ostspitze der Halbinsel von São Lourenço, ein helles Wolkenmeer liegt über der Bucht von Funchal, im Norden erkennt man die Hänge von Santana, und im Licht der höher stehenden Sonne wird sogar der lange Strand der Nachbarinsel Porto Santo als weißer Streifen sichtbar. Die Ebene im Westen, die dunkel über den tiefer hängenden Wolken herausragt, ist Paúl da Serra, und die winzigen grauen «Kreuze», die am Horizont aus den Wolken herausragen, sind die Rotorblätter des neuen Windmühlenparks dort. In Mulden angewehter Schnee macht es glaubwürdig, daß unsere Fotografen ihre klammen Finger immer wieder in den Taschen vergraben mußten. Madeira ist keineswegs immer die Insel des «ewigen Frühlings»!

Wer beim Wandern den Levadas folgt, lernt alle Teile Madeiras kennen, kann herrliche Fernsichten genießen oder Einblick in das Leben der Ortschaften gewinnen. Hier bei Ribeiro Frio finden sich auch noch Reste des Laurazeenwaldes, der einst die ganze Insel bedeckte.

## LORBEERWALD UND MACCHIA

Nach einem heißen Tee verlassen wir die kalte Hütte. Von dem etwas mürrischen Wirt erfahren wir dann noch, daß die Hütte neuerdings eigentlich nur für Re-

gierungsangestellte vorgesehen sei, da es aber so kalt und schon dunkel gewesen wäre ... Immer mehr hüllt uns der ungemütliche, kalte Nebel ein, doch welch eine Überraschung: Nach nur 50 Metern Wegstrecke treten wir aus dem Wolkenband heraus, tief unter uns werden die sorgfältig angelegten Terrassen des Curral-Tals sichtbar, während neben uns die Wolkenmassen wie ein einzigartiger Wasserfall über den Gebirgskamm ins Tal abwärts stürzen, sich dabei erwärmen, leicht wieder aufsteigen und von der Sonne gleich darauf aufgelöst werden. Wegen des nunmehr bereits strahlenden Wetters entscheiden wir uns unter den vielen Möglichkeiten, die der Pico Ruivo Wanderern bietet, für den Höhenweg, der abwechslungsreich bald auf der wärmeren Südseite, bald auf der kühleren Nordseite des Kammes mit Blick auf das tiefblau leuchtende, leicht gekräuselte Meer entlangführt.

Die steilste Treppe am Nordkamm ist zum Glück durch ein Seil gesichert: Sie hat nicht nur einen Neigungswinkel von wohl 60 bis 70 Grad, sondern ist auch noch bemoost und entsprechend glatt. Mit Flechten behangene kleine Sträucher *(siehe auch Seite 70)*, Farne und die großen hellgrünen Rosetten der Äonien zeugen von ständiger Feuchtigkeit.

Obwohl dieser Höhenweg der schönste Wanderweg der Insel ist und wir ihn in der Hauptsaison bei gutem Wetter entlangwandern, begegnen wir niemandem. Mit den letzten warmen Sonnenstrahlen, bevor wieder der Nordostpassat Nebelschwaden über das Gebirge treibt, erreichen wir den Torrinhas-Paß, wo, seltsam verfremdend, große Verkehrsschilder Richtungen anzeigen, denen heute keiner mehr folgt. In früheren Jahrhunderten liefen oder ritten die Bewohner Madeiras von Süden nach Norden über den Paß oder ließen sich hinübertragen.

Wir suchen uns einen anderen Weg, der nur auf einem zerbrochenen Schild angezeigt wird. Wir wollen diese Wanderung durch das Hochgebirge Madeiras über den Pico Grande beenden und von dort wieder ins Curral-Tal absteigen. Erneut haben wir Glück, daß wir Schäfer treffen; wir hätten sonst den Weg niemals gefunden, der sich irgendwo in der Macchia zu verlaufen scheint: Ziegenzäune aus Erikabüschen, über die sich die Schäfer mit Ästen kaum erkennbare Tritte gebastelt haben, versperren ihn. Wir durchlaufen den Rand eines dunklen Tals, wobei der Weg ständig auf einer Höhe von 1500 Metern bleibt.

Das Tal wirkt dunkel, weil der Weg von den massigen Stämmen des noch ursprünglichen Laurazeenwalds gesäumt ist; manche Bäume wurden vom Blitz getroffen, Brände haben sie ausgehöhlt. Auch aus den umgestürzten Stämmen schlagen die Lorbeerblätter immer wieder kräftig grün aus. Dieser «Laurisilva» ist

**Im Zentralgebirge Madeiras wechseln die Eindrücke rasch, und auch wer dort nicht zum ersten Mal wandert, wird immer wieder neue Bilder von den mächtigen Felsformationen mitnehmen, deren Farbwirkung sich je nach Wetter oder Tageszeit ständig ändert. Das Aufgehen der Sonne oder ihr Versinken im Meer sollte man dabei keinesfalls versäumen.**


*Fortsetzung Seite 41*

Blick auf den Pico Ruivo, mit 1861 Metern höchster Berg der Insel. An der Aussicht kann man sich häufig im Sonnenlicht erfreuen, über die Wolken hinweg, von denen die tiefer liegenden Hänge eingehüllt werden.

Zwischen dem Pico do Arieiro und Pico Ruivo. In der Gruppe unter erfahrener Leitung zu wandern, ist «Neulingen» nur zu empfehlen; wer allein auf sich gestellt etwa eine Abzweigung übersieht, kann auf der Suche nach dem richtigen Pfad leicht die Zeit vergessen und von der Dunkelheit überrascht werden.

## EINHEIMISCHES UND EXOTISCHES

### Was auf Madeira grünt und blüht

*Vieles, was uns zum ursprünglichen Bewuchs der Insel zu gehören scheint, ist importiert – und manches verdrängt mit seinen Bedürfnissen inzwischen die einheimische Flora.*

Madeira ist nicht «nur» eine Insel der Blumen. Von jeher wurde das Land für den Anbau gewinnbringender Pflanzen genutzt, und in «Plantagen» von Bananen oder Wein wird auch Obst und Gemüse für den lokalen Markt und die Küche der Bauern kultiviert. Zu den dominierenden Nutzpflanzen gehört seit 1857 der *Eukalyptus*, auch *Blaugummibaum* genannt (Eucalyptus globulus), den man ab 600 Meter Höhe dort angepflanzt hat, wo der Terrassenanbau ihm Raum bot – nicht immer zur Freude der madeirensischen Bauern: Der Fremdling aus Australien duldet nämlich keine andere Pflanze neben sich; seine Blätter, für medizinische Zwecke gern verwertet, haben einen so starken Phenolgehalt, daß da, wo sie hinfallen, tatsächlich «kein Gras mehr wächst». Selbst an seinem Rand wird nicht gern das Futter für die Kühe geschnitten. Bewundernswert ist, daß der Eukalyptus fast alles übersteht: In seinen feuerfesten Kapseln sind Knospen und Samen so gut aufgehoben, daß weder Blitzeinschlag, Sturm, Insekten oder Pilzbefall dieses Erbgut schädigen können. Mit einem Wachstum von drei bis sechs Metern im Jahr bringt er es auf 65 Meter Höhe; er wird vor allem für die Zelluloseindustrie genutzt, aber auch seine ätherischen Öle und die Gerbstoffe seiner Rinde sind gewinnbringend.
Für diese Vorteile hat man es in Kauf genommen, daß er den unterirdischen Kavernen der Insel das Wasser entzieht und daß bei Unwettern infolge seines fehlenden Unterholzes Wasser, Geröll und Erdmassen über die steilen Hänge lawinenartig ins Tal stürzen – oft genug leider schon mit fatalen Folgen.
Auch wenn er so richtig beliebt nicht ist: Es duftet wunderbar im eher kahlen Eukalyptuswald – und die australische *Silberakazie*, bei uns *Mimose* genannt, die sich an seinen Rändern hat ansiedeln können, hat ihren Anteil daran. Wer allerdings etwa im Naturschutzgebiet Ribeira Frio unterwegs ist, der kann den Gegensatz zwischen der nützlichen, importierten Flora und der ursprünglichen einheimischen studieren: Bergauf führt die Landstraße durch den Eukalyptuswald, aber auf der Nordseite steht sein unterlegener Rivale, der *Laurazeenwald*, jetzt unter Naturschutz – mit umgestürzten riesigen Lorbeerbäumen, deren bemooste Äste neu ausschlagen,

**Links: Eukalyptuswald oberhalb von Funchal.**

**Mitte: Bananenstaude mit Früchten und knospiger Blüte.**

likt eines Vegetationsgürtels der einst ganz Südeuropa und Nordafrika bedeckte, ist der Laurazeenwald von so großem Interesse für Botaniker, daß man heute mit Mitteln der EG versucht, ein Gebiet wieder damit aufzuforsten.

Was Kaufleute in den vergangenen Jahrhunderten für ihre Parks an exotischen Blumen, Sträuchern und Bäumen aus aller Welt mitbrachten, hat sich oft über die ganze Insel verbreitet und prägt inzwischen – obwohl es eigentlich nicht zur einheimischen Flora gehört – ihr Bild in den verschiedenen Jahreszeiten.

Im *Winter* – zwischen Oktober und Februar – fällt das Rot des auch bei uns sehr beliebten *Weihnachtssterns* (Euphorbia pulcherrima) in Höhenlagen bis zu 300 Metern ins Auge. Drei Meter hoch kann der aus Mexiko stammende Busch werden, und seine scharlachroten Blüten sind korrekt betrachtet eigentlich Laubhochblätter, die von den kleinen, gelblichgrünen Blüten umrahmt werden.

Bodens und zum Flechten von Körben benutzt, die dickeren Stämme dienen als Brennholz oder als Windschutz.

Im *Sommer*, von August bis Oktober, blüht die *Belladonnalilie* (Amaryllis belladonna) in Höhen von 300 bis 900 Metern an Wegrändern und im Wald. Sie stammt ursprünglich aus Südafrika, gehört aber heute zur wildwachsenden Blütenpracht der Insel. Noch bevor ihre Blätter erscheinen, wachsen die etwa 40 Zentimeter hohe Blütenstengel, die acht bis zwölf große rosa Blüten tragen, direkt aus dem Boden.

Im Herbst findet man auf vielen, längst für den Anbau aufgegebenen Terrassen die *Edelkastanie* (Castanea sativa) noch in 1000 Meter Höhe. Sie soll schon im Jahr 1515 vom Festland aus nach Madeira eingeführt worden sein. Nach der Blüte im Juni/Juli springen im Oktober/November die stacheligen Kapseln auf, und die glatten, dunkelbraunen Früchte, die Maronen, fallen zu Boden: Sie werden

**Oben rechts: Laurazeenwald bei Curral das Freiras.**

**Unten links: Kaktusdahlie im Garten einer Quinta.**

**Unten rechts: Aus Südafrika stammt die Strelitzie.**

mit Farnen, Flechten, Blumen und Kräutern im Unterholz: Das war der Wald, der dem Eiland ehemals den Namen «Holzinsel» gab. Hier sind die Bäume liebevoll ausgeschildert, entlang des Baches und an den «verwunschenen» Plätzen werden die Picknicktische auch von den Madeirensern gern benutzt. Als Re-

Vom Meeresufer bis in 1400 Meter Höhe blüht im *Frühjahr* bis in den Sommer hinein verwildert der tiefgelbe *Besenginster* (Cytisus scoparius). Er gehört zu den Sträuchern, die vom südeuropäischen Festland nach Madeira eingeführt wurden; seine Blüten duften intensiv, seine Zweige werden zum Düngen des

überall in den Dörfern und in Funchal an Ständen geröstet und verkauft, und der Wanderer kann sich schnell mit ihnen die Taschen füllen. Bevor man sie aber in eine Pfanne – ohne Fett! – gibt, sollte man sie einritzen, um zu verhindern, daß sie urplötzlich durch die Küche springen. *Wendula Dahle*

Beeteinfassungen aus Buchs, kunstvoll gestutzte Büsche und die Blütenpracht der Saison: Im Stadtpark von Monte.

Verlockende Düfte durchziehen den Ort, und vor allem für die Frauen gibt es reichlich zu tun: Festvorbereitungen in Camacha.

Camacha ist das Zentrum der Weidenflechterei. Ende des 19. Jahrhunderts ließen die Engländer hier die sehr gefragten italienischen Korbmöbel kopieren – und aus der Korbmacherei, die vorher für den Warentransport gearbeitet hatte, enwickelte sich ein bedeutender Exportzweig.

Überbleibsel eines Vegetationsgürtels, der ehemals ganz Südeuropa und Nordafrika bedeckte. Er konnte sich wahrscheinlich auf Madeira wie auch auf den Kapverdischen, den Kanarischen Inseln und den Azoren deshalb halten, weil das gemäßigte Meeresklima die Einflüsse der Eiszeit milderte. Trotz der weitflächigen Brandrodung dieser einst dicht bewachsenen «Holzinsel», wie die deutsche Übersetzung des portugiesischen Namens «Madeira» lautet, blieben noch Teile der ursprünglichen Vegetation erhalten und geben so ein ganz anderes Bild der Insel als die lichten Wälder des aus Australien stammenden Eukalyptus *(siehe Seite 36)* oder die Parks mit ihren Etagenbäumen.

Plötzlich stehen wir vor einer Steilwand, die mehrere hundert Meter abfällt: Wieder haben uns die Trampelpfade der Schafe in die Irre geführt. Zurück. Doch danach entdecken wir von der Macchia halb verdeckte helle Stöcke, die steil nach oben führen. Jetzt erinnern wir uns, daß die Schäfer von «weißen Stöcken» sprachen, ohne daß es für uns einen Sinn ergeben hätte. Wir folgen diesen Markierungen, und völlig überraschend finden wir direkt unterhalb der gewaltigen Kuppel des Pico Grande, eines kahlen Granitfelsens, die alten Treppen wieder. Da sie kaum noch benutzt werden, sind sie leicht von Geröll bedeckt, die Bäche bahnen sich neue Rinnen und drohen dieses Kunstwerk zu zerstören, das man getrost mit den Treppen der Inkas vergleichen darf. Sie führen uns die letzten 50 Höhenmeter fast senkrecht auf eine kleine Hochebene mit Steinwällen, wie man sie vielleicht in Schottland vermuten würde. Unter uns liegt wieder der Bergkessel von Curral, gegenüber können wir die Spitzen des Pico-Ruivo-Massivs erkennen, von wo wir vor sieben Stunden aufgebrochen sind und die jetzt von der untergehenden Sonne angestrahlt werden.

Als wir nach dem Abstieg von den kahlen Hängen erst in einen Maronen-, dann in einen intensiv duftenden Eukalyptuswald eintauchen, wissen wir, daß wir nur noch 900 Meter hoch sind, denn überall wiederholen sich Bewuchs und Anpflanzungen auf Madeira: Erika, Moose, Farne, Eukalyptus, Kastanie, Akazie, Lorbeer, Obstbäume, Wein, Gemüse, Palmen, Banane, Avocado, Kakteen, um nur die wichtigsten Pflanzen in der Reihenfolge ihrer Höhenlage von 1800 auf null Meter aufzuzählen. Ab etwa 650 Metern beleuchten Straßenlaternen die lange Dorftreppe von Curral das Freiras, die wir jetzt müde hinabsteigen, wobei wir aus halbdunklen Hauseingängen freundlich begrüßt werden: «Boa noite» – Guten Abend.

Die Bars haben noch geöffnet. Ein Bier, ein Maracujasaft, ein Zitronenschalentee oder eine madeirensische «Chinesa», eine große Tasse Milchkaffee – jeder

**Überall auf Madeira sieht man vor den Häusern Frauen und Mädchen sitzen, die mit Stickerei in Auftragsarbeit ein «Zubrot» für die Familie verdienen. In ländlichen Gebieten werden die Erzeugnisse meist an Ständen verkauft.**

**Brotbacken in Santo da Serra. Geschickt werden die runden Laibe geformt, und wer dabei Appetit bekommt, sollte eine Pause einlegen und auf das ofenwarme Produkt warten.**

**Wenn man seine Arbeit am Straßenrand verrichtet, hat man mit Sicherheit nichts gegen Zuschauer einzuwenden. Und die werden den unter ihren Augen entstandenen Korb mehr schätzen als einen «anonym» im Laden erstandenen.**

Farbenprächtige Blüten aus allen Teilen der Welt findet man in den öffentlichen Parks der Insel und in den Gärten der Quintas.

findet etwas gegen seinen Durst. Wir bestellen uns «Espetadas», Spieße mit großen Rindfleischstücken, und «Bolo do Caco», warmes Brot *(siehe Seite 58)*. Der dazu gereichte «Vinho da Casa» ist erfrischend und schmeckt wieder ganz anders als der Hauswein, den wir zu Beginn unserer Wanderung probierten.

## NÄCHTLICHES FUNCHAL

Alle Wege führen zurück nach Funchal, und die Straßensperre kurz vor der Stadt erinnert uns daran, daß jetzt Weihnachtszeit ist: Unser Wagen wird danach untersucht, ob wir auch keinen Weihnachtsbaum heimlich geschlagen haben! Neben der traditionellen Krippe, in der das Jesuskind zwischen Granatäpfeln und frisch keimenden Weizentrieben vor der aus Pappmaché aufgebauten Bergwelt Madeiras von den grob geschnitzten Heiligen Drei Königen angebetet wird, hat längst der deutsche Tannenbaum mit elektrischen Lichtern seinen Einzug auch in die Häuser der Madeirenser gehalten.

Funchal begrüßt uns in weihnachtlichem Lichtermeer. Am Jahresende werden von Abend zu Abend die Straßen bunter geschmückt: Girlanden von Glühbirnen bilden den Umriß von Schiffen nach und ranken sich über die kanalisierten Flußbetten, die die Stadt zum Meer hin sternförmig durchschneiden; eine Windmühle, wie sie auf der Insel Porto Santo noch zu sehen ist, ziert mit grün, rot, blau aufblinkenden Lichtern die Mole am Hafen; Engel mit weiten, rot strahlenden Flügeln schweben vor der sonst eher schmucklosen Kathedrale Sé; Hunderte von Weihnachtsmännermasken, die zwischen den jetzt kahlen Jacarandabäumen hängen, blinzeln den Passanten mit einem Auge zu und schaukeln im Wind zu deutschen Weihnachtsliedern.

Einen Abend vor Heiligabend ist Funchals Markt bis Mitternacht geöffnet. Über den groben Körben aus Weidengeflecht, in denen die verschiedenen Arten der «Semilhas» (Kartoffeln – nicht zu verwechseln mit den «Batatas», den Süßkartoffeln) und wohlschmekkende Früchte angeboten werden, funkeln auch hier die Glühbirnen in allen Farben und grüßen gemalte Weihnachtsmänner von den Wänden.

Als wir den Markt kurz vor Mitternacht erreichen, ist bereits «Kehraus». Hausfrauen verlassen schwer bepackt eilig die Halle; einige Bauern sind zwischen ihren leergekauften Körben eingenickt. Wir suchen noch rasch den Stand unserer «Kräuterhexe» auf und kaufen für unser Festessen ein.

Die angrenzende Fischhalle ist längst leer und geputzt. Hier wird sonst der schwarze, seidig glänzende Espada laut angepriesen von den Verkäufern, die ihm

Das Dorf Ponta do Sol liegt inmitten eines Bananenanbaugebietes der Südküste. Seine Kirche Nossa Senhora da Luz nah dem Meer birgt eine sehenswerte Innenausstattung; die Figur der Schutzpatronin soll noch aus dem 15. Jahrhundert stammen.

Auch für die Besichtigung der Kirche von Ribeira Brava, deren Turmhelm mit Azulejos geschmückt ist, sollte man sich Zeit nehmen. Ein kleines Fort am Strand des Ortes zeugt vom Widerstand gegen die Piratenangriffe, unter denen die durch Zuckerrohr reiche Insel zu leiden hatte.

Gegen den starken Wind sind die Weingärten von Porto Moniz mit hohen Zäunen aus Baumheide geschützt.

Küste zwischen Porto Moniz und Seixal. Ständig sind hier, am stürmischen Nordwestende Madeiras, die steil aufragenden Felsen von starker Brandung umspült.

Wer auf Madeiras einzigem Campingplatz bei Porto Moniz Quartier genommen hat, für den ist es nicht weit zum Badespaß in den Naturschwimmbecken des Atlantiks.

die furchterregenden Zähne ausbrechen, ihn zusammenrollen, ihm das Schwanzende ins Maul stecken und ihn den Frauen in die Tüte packen. Der Fisch, der erst im 19. Jahrhundert vor der Küste Madeiras in Tiefen von 1000 Metern entdeckt wurde, ist heute längst zur Volksnahrung geworden. Immer ruhiger wird es um uns herum, wir erhandeln noch die letzten exotischen Früchte und werden eingeladen, mit einem Madeirawein auf die Weihnachtstage anzustoßen.

## AUF LEVADAMAUERN ZUR NORDKÜSTE

Jeder wartet mit Sehnsucht auf das Silvesterfeuerwerk, für das Funchal inzwischen berühmt ist. Am letzten Tag sind die Feuerwerksmeister eifrig darum bemüht, die abschußbereiten Feuerwerkskörper auf den großen Plätzen und Brücken der Stadt aufzustellen. Planen schützen die Raketen vor Regen, wachhabende Polizisten vor den Voreiligen, die vor Mitternacht die Zündschnur anstecken könnten. Doch da das launische Madeira-Winterwetter gut zu werden scheint, brechen wir noch einmal nach Norden auf, wo die Insel für uns am schönsten ist, um auf einer Levadamauer und an der Küste entlangzuwandern. Bei dem Ort Ribeira de Machico beginnt die Tour wiederum mit einem Abstieg auf wohl 2000 Stufen. Sie führen uns zur «Madre», dem Anfang der Levada, die die Terrassen des weiten Tals von Machico bewässert. Die frisch gegrabenen Äcker sind dunkel und schwer, einzelne Kohlköpfe wurden als Zusatznahrung für die Milchkühe angepflanzt, Frauen mit Ballen von frisch geschnittenem Gras auf dem Kopf, denen wir respektvoll Platz machen, laufen mit sicheren raschen Schritten auf der Levadamauer entlang. Eine Frau wäscht ihre Wäsche im Kanal, Kinder spielen am Wasser, Enten stieben aufgeregt vor uns davon. Auf den Dächern trocknen Kürbisse, eine dunkel gekleidete Frau schaut angestrengt durch ihre starke Brille auf ihre Stickerei. Ein magerer Zuverdienst für die Familie, für die Touristen ein romantisches Fotomotiv und schließlich ein in wirklicher Handarbeit hergestelltes Souvenir: Madeira-Stickerei *(siehe Seite 69)*.

Über ein Meeresschwimmbad verfügt auch Porto Delgada. Höhepunkt des Jahreskreises ist für das Dorf an der Nordküste der erste Sonntag im September, wenn seine Wallfahrtskirche Senhor Bom Jesus im Mittelpunkt eines traditionellen Kirchenfestes steht.

Wir haben uns längst daran gewöhnt, mit gesenktem Blick auf dem Rand der Levada zu laufen und zugleich aus den Augenwinkeln das geschäftige Treiben auf den Feldern und zwischen den Häusern zu beobachten. Die Levadas sind die für Madeira charakteristischen Bewässerungskanäle, mit deren Bau bereits im 15. Jahrhundert begonnen wurde. Damals wurden sie zur Kultivierung des Zuckerrohrs angelegt. Das Wasser mußte von der regen- und quellenreichen Nordseite zu den warmen Südhängen geführt wer-

# HERRSCHAFTLICHES WOHNEN AUF MADEIRA

## Die Quintas

*Einige sind in staatlichen Besitz übergegangen, andere wurden zu Pensionen umgebaut – doch viele der ehemaligen Herrenhäuser Madeiras dienen, umgeben von alten Bäumen, heute auch als Schuppen oder Lagerhallen.*

**Zum englisch bestimmten Lebensstil in den Quintas gehörte selbstverständlich auch die Teestunde.**

**Oben: Das neue Herrenhaus in Blandy's Garten wird bis heute bewohnt. – Unten: Als Beispiel früherer madeirensischer Wohnkultur steht dieser englische Stuhl des 17. Jahrhunderts in der Quinta das Cruzes.**

Die auf Madeira ansässigen englischen Kaufleute verdienten gut an Zucker-, Wein- und Sklavenhandel und ließen sich im 18./19. Jahrhundert prächtige Landsitze bauen: Quintas. Sie wählten dafür schöne Plätze mit weiter Aussicht und umgaben – ganz im Gegensatz zur bisherigen Wohnkultur – ihr Haus mit Parks und hohen Mauern. Nur durch ein schmiedeeisernes Tor konnte das Anwesen betreten werden, um auf einem breiten Weg zum Haupthaus zu gelangen. Die portugiesischen Feudalherren wollten nicht zurückstehen: Und so gab es bald nicht nur rund um Funchal Herrenhäuser, sondern jedes Dorf hat bis heute «seine» Quinta.

Doch schon Ende des 19. Jahrhunderts wurde der Unterhalt dieser Bauten mit dem notwendigen Personal so teuer, daß viele Eigentümer ihre Quintas in den Wintermonaten Erholungssuchenden vermieteten. Zu den wenigen, die noch privat genutzt werden und besucht werden können, gehört die *Quinta do Palheiro Ferreiro* nahe Funchal, heute meist *Blandy's Garden* genannt. Den Grundstein zum alten Haus, das unter hohen Bäumen in einer Senke liegt, legte 1804 der Graf von Carvalhal, der das Anwesen noch zu seinen Lebzeiten in einen berühmten Garten mit Pflanzen aus aller Welt verwandelte. 1887 ging der Besitz an die englische Familie Blandy über, die das neue Haus auf einer Anhöhe mit Blick aufs Meer bauen ließ.

Für Gartenliebhaber ist die Anlage ein wahres Paradies: Von den aus China hierhergebrachten Kamelienhecken am Eingang über die bewußte Planlosigkeit des «Infernos» mit seinen Baumfarnen und dem «Versunkenen Garten» mit Skulpturen und Treppchen bis hin zum «Garten der Senhora» mit zu Tierformen gestutzten Buchsbaumhecken. Eine ähnliche Pflanzenpracht bietet der alte Park der *Quinta de Bom Sucesso*, die lange im Besitz der Familie Reid *(siehe Seite 60)* war; heute ist er zum Botanischen Garten von Funchal umgestaltet, weist aber noch immer verspielte Brunnen auf und einen von Palmen umrahmten Weg, der für die traditionellen Korbschlitten mit kleinsten Basaltsteinchen belegt worden war.

Der Garten der im 18. Jahrhundert errichteten *Quinta das Cruzes* in Funchal ist heute ein archäologischer Park, in dem etwa 50 Steinmetzarbeiten des 15. bis 19. Jahrhunderts von der Geschichte Madeiras zeugen. Eine unverzierte, beschädigte Säule aus Jaspis steht im Mittelpunkt: Es ist der ehemalige Schandpfahl der Stadt Funchal, der bis 1835 mehr als 300 Jahre in Gebrauch war.

Die Quinta ist seit 1953 Museum, hat sich aber ihren privaten Charakter bewahrt. Ihr Anliegen ist es, einen Eindruck von der Wohnkultur der reichen Kaufleute vergangener Zeiten zu geben. Die «bessere» madeirensische Gesellschaft hat sich mit Kunstgegenständen aus aller Welt umgeben: Möbel, Porzellan, Gemälde, Weihnachtskrippen, Sänften sind ausgestellt. Und auf einem Tischchen, von dem aus der Blick auf eine Orchideenzucht fällt, steht ein Silberservice – so, als würde gleich ein Butler den englischen Fünf-Uhr-Tee servieren. Und auch in Funchals *Quinta Magnólia*, in der man exzellent speisen kann *(siehe Seite 66)*, vermittelt das Ambiente dem Gast etwas vom Lebensgefühl der früheren Inselherren und begüterten Reisenden, die sich in den Quintas bedienen lassen konnten.

*Wendula Dahle*

In gutem Zustand ist diese von üppiger Vegetation umgebene Quinta bei Serra de Água im Landesinneren; daß sie ständig bewohnt ist, zeigt der mit Sorgfalt angelegte Gemüsegarten.

den. Vor zwanzig Jahren wurde das System perfektioniert, so daß heute 95 Prozent der Felder ganzjährig bewässert werden können. Nach einem festen Plan wird in den trockenen Monaten jedem Baum das Wasser zugeteilt; dann rauscht selbst in den Verkehrsstraßen von Funchal das lebensnotwendige Levadawasser abwärts zu den kleinen Gärten der Stadtbewohner, die auch hier noch ihre Bananen anbauen.

Im Landesinneren sind die Levadas zugleich ein wichtiges Wegenetz, denn viele Häuser, vor allem an der modernen großen Levada do Norte, sind nur über

Küstenstraße bei São Vicente im Norden. Die Straße hoch über dem Meer wurde in der Mitte unseres Jahrhunderts unter schwierigsten Bedingungen mit Spitzhacken in den Basaltfels gehauen.

sie erreichbar. Niemand kennt die genaue Gesamtlänge: 800, 2000 oder sogar 5000 Kilometer werden angegeben, je nachdem, ob man die kleinen, weitverzweigten Bewässerungskanäle hinzuzählt oder nicht. Manche sind so geschickt und waghalsig angelegt, daß man zu Recht vor Schwindelgefühlen gewarnt wird. Doch unser heute gewählter Weg weist keine spektakulären Abbrüche und Absturzgefahren auf, sondern gewährt uns bei eher gemütlichem Schlendern oberhalb der «Poios» Blicke in die weit geöffneten Türen der einzeln stehenden Häuser.

Nach gut zwei Stunden verlassen wir die Levada und finden den Pfad, der, rasch an Höhe gewinnend, zur Nordküste führt. Wie überall sind etwa ab 700 Metern Höhe die Hänge unbewohnt, nur einige «Palheiros», aus denen Kuhstallgeruch dringt, stehen zwischen Erikabüschen und Kiefern. Doch plötzlich vertreibt ein erfrischender Wind die schwüle Luft: Wir erreichen den Boca do Risco, den «gefährlichen Einschnitt». Unter uns stürmt die See mit breit heranrollenden Wellen an die steilen Felsen der Nordküste.

Zwischen Himmel und Wasser führt uns dieser in den Felsen gehauene Weg dreihundert Meter oberhalb des Meeres entlang. Er wird auch von den Bauern benutzt, um zu einigen nur handtuchgroßen Feldern zu gelangen, die auf Felsvorsprüngen liegen. Welch eine Mühsal, um das Lebensnotwendige zu erwirtschaften, muten sich hier die Menschen zu!

Wir sind doch etwas erleichtert, als der Weg entlang der Steilküste mit ihren kleinen Wasserfällen und feuchten Steinplatten uns wieder ins Landesinnere führt. Jetzt arbeitet keiner mehr auf dem Acker, denn das Silvesterfeuerwerk wird nicht nur für die Touristen veranstaltet, vielmehr genießen die Bewohner Madeiras es selbst, am letzten Abend des Jahres aus ihren abgelegenen Dörfern zum Tanzen, Trinken, Essen und Staunen nach Funchal zu kommen.

## JAHRESENDE UND WIEDERKEHR

Pünktlich um Mitternacht wechseln in der Bucht von Funchal die dort angebrachten großen leuchtenden Zahlen und zeigen das neue Jahr an; gleichzeitig ertönen die Schiffssirenen der Kreuzschiffe, die ebenfalls leuchtende Raketen abschießen und dabei langsam aus dem Hafen herausfahren. Das Feuerwerk taucht Funchal in einen Regen glitzernder Sternschnuppen, alle Fensterläden bleiben weit geöffnet, um die Stadt zu erhellen, in den Straßen tanzt das Volk, und die Hotels laden zur Silvesterparty.

Erst im Morgengrauen wird es wieder ruhig. Schon am nächsten Tag liegen die Weihnachtsmännermasken in großen Stapeln am Straßenrand. Bis zum Dreikönigstag ist auch der bunte Lichterkranz abgehängt. Die Silvestergäste reisen ab, und es beginnt die Zeit, wo auf der Insel der Regen das Wetter bestimmt und sie nur den Madeirensern gehört, die sich bereits auf ihr nächstes Inselfest freuen: Der Karneval auf Madeira soll fast so ausgelassen wie der in Rio sein!

Uns lockt eher die Zeit der dörflichen Weinfeste im September. Wir werden uns auf den Duft des leicht gärenden neuen Weins freuen, der über den Dorffesten liegt, und in «Victor's Bar» bei Ribeiro Frio Thunfischsteaks, Espada oder frische Forellen genießen – und einen «Cortado» bestellen *(siehe Seite 28):* Wenn Sie erst einmal wissen, wo der am besten schmeckt, dann werden auch Sie die Blumeninsel, auf der nicht immer der Frühling herrscht, kennen und lieben.

São Vicente bietet seinen Besuchern nicht nur ein malerisches Ortsbild, zu dem inzwischen Cafés, Boutiquen und Souvenirläden gehören, sondern auch eine barocke Pfarrkirche mit reicher Innenausstattung.

An der Südküste: Jedes Fleckchen Erde wird für den Anbau genutzt.

Abwechslungsreich ist die Vegetation am Encumeada-Paß, der in etwa 1000 Metern Höhe verläuft.

# MADEIRA: PLANEN · REISEN · GENIESSEN

## INHALT

Wo es früher nur Pfade gab, windet sich heute eine Straße durch den Talkessel von Curral das Freiras.

## ALLGEMEINE INFORMATIONEN

Madeira ist nicht nur der Name für die zu Portugal gehörende Inselgruppe, die etwa 600 Kilometer von Nordafrikas Küste entfernt im Atlantik liegt, sondern zugleich auch der für die größte und bekannteste der Inseln. Sie war bei ihrer (Wieder-)Entdeckung 1418 so urwaldartig bewachsen, daß sie »Madeira«, Holzinsel, genannt wurde. Auf dieser Hauptinsel *Madeira* (741 Quadratkilometer) leben rund 280 000 Menschen; die benachbarte zweitgrößte Insel des Archipels, *Porto Santo* (45 Quadratkilometer), hat dagegen nur etwa 5000 Einwohner.
Die *Desertas*, (»die Verlassenen«), drei unbewohnte, fast vegetationslose Inseln vor Madeiras Südküste, bieten Interessantes für Geologen und Spinnenforscher; sie liegen in einer Schutzzone, die Fischerei und Wassersport einschränkt.
Näher bei den Kanaren als bei der Madeira-Gruppe befinden sich die verwaltungsmäßig dem Archipel angegliederten *Selvagens* – »die wüsten Inseln« –, die wie die Desertas unbewohnt sind und unter Naturschutz stehen.
Als »Autonome Republik Madeira« hat die Inselgruppe seit 1976 einen Sonderstatus innerhalb Portugals; Hauptstadt ist Funchal (rund 120 000 Einwohner mit Vororten), die nächstgrößeren Gemeinden sind Câmara de Lobos mit 15 000 und Machico mit 12 000 Einwohnern.
Ein Blick in den Atlas zeigt, daß Madeira im Bereich der Nordostpassatwinde und des kalten Kanarenstroms liegt. Weder ist

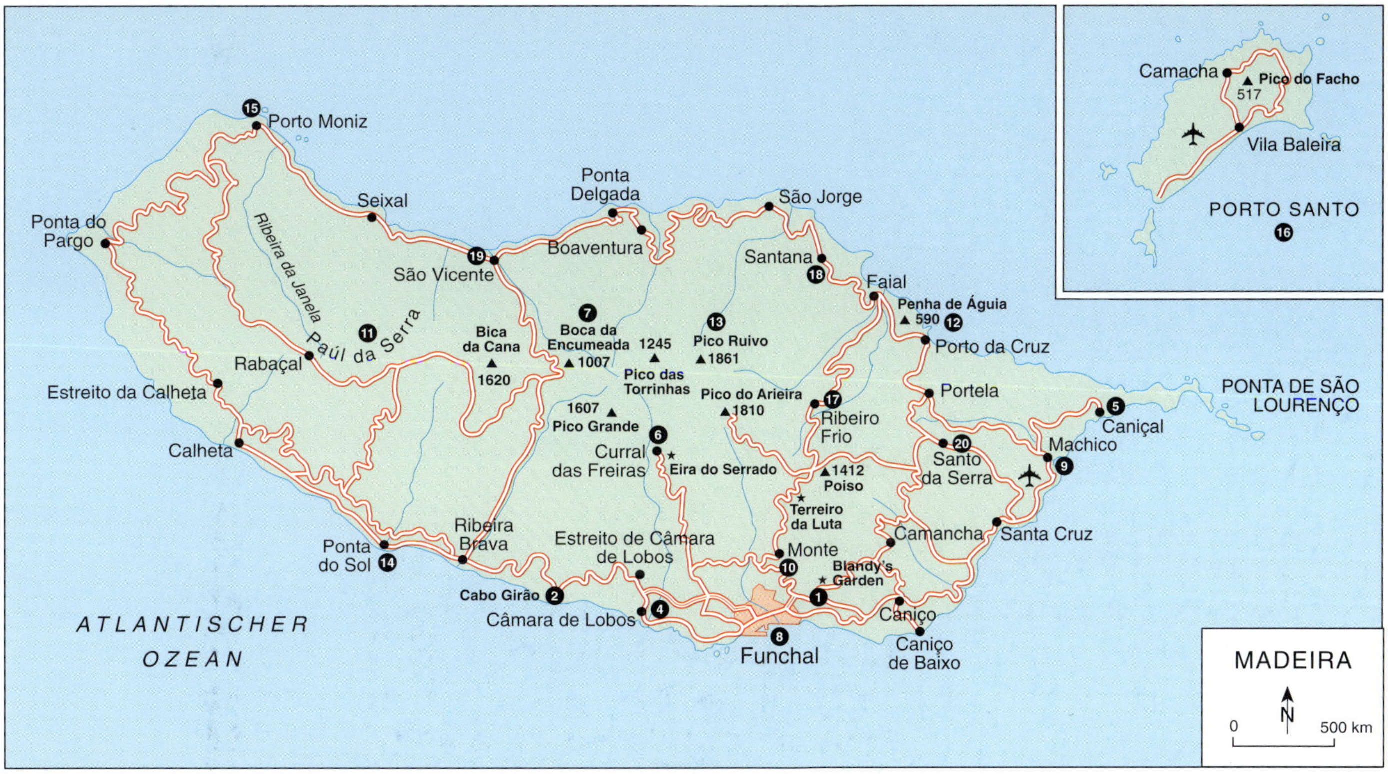


also mit heißer afrikanischer Sonne noch mit dem wolkenlosen Himmel einer Mittelmeerinsel zu rechnen. Madeira hat ein ausgeglichenes Klima mit relativ geringen Temperaturschwankungen zwischen Tag und Nacht, Sommer und Winter, weist aber verschiedene Klimazonen von arid (trocken) bis humid (feucht) auf.
Touristen schätzen bereits seit dem 19. Jahrhundert die Insel zu jeder Jahreszeit *(siehe auch Seite 60)*. Außerhalb der Sommermonate muß jedoch besonders auf der Nordseite und im Gebirge mit sehr viel Feuchtigkeit gerechnet werden.

## AUSKUNFT

Informationen zur Vorbereitung einer Reise nach Madeira erhält man nicht nur über Reisebüros, sondern ebenso über **Fremdenverkehrsämter**.
In **Deutschland**:
**Portugiesisches Touristik-Amt**, Schäfergasse 17, 60313 Frankfurt/Main, Tel. 069/ 23 40 94/97, Fax 069/23 14 33;
in **Österreich**:
**Touristikzentrum**, Stubenring 16/3, 1010 Wien, Tel. 01/5 13 26 70, Fax 01/5 12 88 28;
in der **Schweiz**:
**Portugiesisches Verkehrsamt**, Badenerstraße 15, 8004 Zürich, Tel. 01/2 41 00 11, Fax 01/2 41 00 12.
Auf **Madeira** erteilt Auskunft:
**Direccão Regional do Turismo**, Avenida Arriaga 18, 9000 Funchal, Tel. 0 03 51/91/ 22 90 57, Fax 0 03 51/91/23 21 51.
»Vor Ort« kann man sich außer in Funchal auch am **Flughafen** beraten lassen, außerdem in **Câmara de Lobos**, **Machico** und auf Porto Santo in **Vila Baleira**.

## ANREISE

Die TAP (Air Portugal) bietet *Direktflüge* von Frankfurt, Hamburg und Zürich nach Madeira an; mehrfach täglich aber verbindet sie die Insel mit Lissabon, das sehr gut von allen größeren europäischen Flughäfen aus zu erreichen ist – die Anfahrt nach Lissabon mit der *Bahn* oder dem *Bus* spart kaum Geld und ist außerdem vergleichsweise unbequem und langwierig. Über die günstigsten *Charterflüge* informieren Reisebüros.
Funchal wird nur von *Frachtern* oder *Kreuzschiffen* angelaufen, die gelegentlich auch Passagiere über eine Teilstrekke mitnehmen; eine ständige Fährverbindung zum Festland aber gibt es nicht.

Oben: Fischerboote bei Câmara de Lobos.

Unten: Unmittelbar am Meer liegt im Westen Funchals, im neuen Hotelviertel, der Lido mit mehreren Schwimmbecken, Restaurants, Bars und Gelegenheit zum Sonnenbaden.

## ÜBERNACHTEN: POUSADA UND GRAND-HOTEL

Mit Sternen werden in Portugal und also auch auf Madeira die *Hotels* in Kategorien unterteilt. Wer sich den Aufenthalt in einem Fünf-Sterne-Haus leisten möchte, hat im Bereich von Funchal die Wahl zwischen modernen Bauten, kann aber ebenso im besonders teuren Reid's Hotel *(siehe Seite 60)* noch etwas von der englischen Atmosphäre des 19. Jahrhunderts genießen. (Allerdings ist das auch möglich, wenn man als Gast einer weniger exklusiven Herberge hier nur den Nachmittagstee einnimmt.)
Einfachere Unterkünfte, von der schlichten Pension bis zum Privatzimmer, muß man »vor Ort« selbst suchen; um Hilfe kann man sich an die Fremdenverkehrsämter wenden *(→ Auskunft)*. Immer häufiger werden auch *Appartements* und *Ferienwohnungen* angeboten, in denen man sich selbst versorgen kann; hierbei beraten die Reiseveranstalter.
Für Wanderer empfehlen sich zwei *Pousadas* (Berghotels) – einmal unterhalb des Gipfels des Pico do Arieiro und dann nahe dem Encumeada-Paß an der Straße nach Ribeira Brava gelegen.
*Jugendherbergen* gibt es auf Madeira nicht, aber einen *Campingplatz* in Porto Moniz und einen weiteren auf der Nachbarinsel Porto Santo in Meernähe; beide sind ganzjährig geöffnet. Außerdem ist *»wildes« Campen* überall möglich, sofern man die Erlaubnis des Landeigentümers eingeholt hat und bereit ist, sich mit wenig Raum zu begnügen.

## KULINARISCHES

Madeira ist kein Reiseziel für Feinschmecker. Würzige Steaks, verschiedene Omeletts und der sehr variationsreich zubereitete Thunfisch, *Atum*, kommen inselweit fast nur mit den phantasielosen Pommes frites aus Plastiktüten auf den Tisch. Dazu werden grüner Salat, einige Tomatenscheiben und große Zwiebelringe serviert, die sich der Gast selbst mit Öl und Essig anrichten darf. Wo bleiben das leckere Gemüse, die vielen Sorten Kartoffeln von den Terrassen der Insel, die auf dem Markt verkauft werden? Den Eintopf *Cozido*, den die Madeirenser daheim aus Kartoffeln und frischem Gemüse kochen, sucht man in den Restaurants vergebens. Und der feine Geschmack des *Espadas*, der aus Madeiras Tiefsee geholt wird, verschwindet oft unter dicker Marinade.

Doch gibt es sehr wohl einige köstliche inseltypische Spezialitäten. Die *Espetada*, die auf der Speisekarte meistens nach Kilogramm berechnet wird, ist ein Rindfleischspieß, der aufgezogen auf gußeisernen Ständern serviert oder sogar an die Decke gehängt wird. Für die Schäfer und Levada-Arbeiter ist dieser Spieß bis heute ihr Mittagessen: An frischen Lorbeerstücken wird er, mit grobem Salz und Knoblauch gewürzt, in die Glut gehalten. Kein Volksfest vergeht ohne den Duft der Espetadas *(siehe auch Seite 14)*. Ein gutes Restaurant zeichnet sich dadurch aus, daß der warme *Bolo de Caco* unter einem Tuch für den ersten Hunger gereicht wird: Es ist ein Fladenbrot aus Mehl und Süßkartoffeln. Auf allen Speisekarten erscheint die *Tomatensuppe*, die man in den besseren Restaurants gern mit einem verlorenen Ei serviert.

Unterwegs empfehlen sich als typisch madeirensisch die *Sandes*, abgeleitet von englisch «Sandwich». Doch handelt es sich nicht um das englische weiche Weißbrot, sondern um Brötchen, die mit Fleisch, Fisch oder Ei heiß aus der Pfanne belegt werden. Jede Bar hängt ihr Angebot und ihre Preise dafür aus.

An den lokalen Bars und in den kleinen Restaurants werden auch eine Vielzahl von verschiedenen Kaffees angeboten, die nicht etwa noch vom Morgen auf der Warmhalteplatte stehen. Vom Espresso, der *Bica* (dem «Schnäbelchen»), kann man sich bis zur *una grande Chinesa*, einem großen Milchkaffee, vorarbeiten.

## UNTERWEGS AUF MADEIRA

Das eigene Auto für den Urlaub auf die Insel schaffen zu lassen ist aufwendig und kostspielig; Madeiras touristische Zentren und auch Porto Santo bieten ausreichend *Mietwagen*, die man schon über das Reisebüro oder dann über das Hotel ordern kann. Voraussetzung ist, daß man seinen nationalen Führerschein bereits ein Jahr besitzt – und etwas Erfahrung kann nicht schaden, denn die Fahrweise der Madeirenser ist nicht gerade defensiv, und in allen Teilen der Insel muß man mit kurvenreichen, engen und steilen Straßen rechnen.

Die gelben *Taxis* auf Madeira befördern den Fahrgast recht preiswert; bei Überlandfahrten sollte man den Preis vorher aushandeln. Mit dem *Bus* kommt man auch in die entlegensten Ortschaften, doch fehlen meist Fahrpläne. Man erkundigt sich beim Fremdenverkehrsamt oder an den Kiosken der Busgesellschaften am Busterminus in Funchal. Nach organisierten *Busrundfahrten* fragt man am besten an der Hotelrezeption.

Nach Porto Santo startet täglich mehrmals ein *Propellerflugzeug* und ist nach 15 Minuten am Ziel; die Alternative ist ein Schnellboot, das für diese Strecke etwa 90 Minuten braucht (frühzeitige Buchung für beides ist zu empfehlen).

**Links: Beim Golfspiel auf dem Gelände von Blandy's Garden.**

**Unten: In der Markthalle von Funchal.**

**Mitte: Blick über Funchal auf die Hafenanlagen.**

**Rechts: Unterwegs im Zentralgebirge zwischen dem Pico do Arieiro und dem Pico Ruivo.**

Die oft steilen Straßen der Insel machen *Fahrradfahrern* die Fortbewegung mühsam, doch in Caniço de Baixo gibt es die Möglichkeit, Mountain-Bikes auszuleihen und auch an Radwanderungen teilzunehmen. Porto Santos Fahrradverleih findet man in Strandnähe in Vila Baleira. Am besten aber lernt man Land und Leute als *Wanderer* kennen: Etwas von der Vielzahl an Eindrücken, die man dabei gewinnt, wird im Essay dieses Buches anschaulich. Mehrere Wanderführer zu Madeira sind im Buchhandel, einige auch im Tourismusbüro in Funchal erhältlich; für eine Region, die unterschiedliche Klimazonen aufweist, die Wege kaum markiert hat und keineswegs alle paar Kilometer eine Einkehrmöglichkeit oder Unterkunft bietet, sollte man einen möglichst umfassenden wählen. Deutsche Reiseveranstalter bieten geführte Wandertouren auf Madeira an.

## FITNESS IST GARANTIERT

Für wen zum *Schwimmen* unbedingt ein feiner Sandstrand gehört, der sollte sich besser gleich auf Porto Santo eine Unterkunft suchen, denn die flachen Küstenabschnitte Madeiras sind mit kleineren oder größeren Steinen bedeckt. An der Nordküste bietet Porto Moniz natürliche Meerwasserbecken in den Lavafelsen und Ponta Delgada ein Meerwasserschwimmbad, und außer den zahlreichen öffentlichen Badeeinrichtungen kann der Tourist überall gegen einen entsprechenden Eintrittspreis auch die Anlagen der größeren Hotels nutzen.

*Surfer* finden auf Porto Santo gute Bedingungen und Leihbretter, und auch für *Taucher* ist hier ein Revier; Tauchbasen gibt es aber auch auf Madeira selbst in Funchal und Caniço de Baixo. Im Yachthafen von Funchal erfährt man alles übers *Hochseefischen* – Schwert- und Thunfisch, verschiedene Haiarten –, das sich immer größerer Beliebheit erfreut. Wer seine Angel lieber in ruhigeren Gefilden nach der Forelle auswerfen möchte, muß sich dazu eine Lizenz besorgen (→ *Auskunft*).

Für leidenschaftliche *Golfer* ist die Insel lange schon ein beliebtes Urlaubsziel: So kann man in Santo da Serra in 600 Meter Höhe inmitten eindrucksvoller Landschaft spielen; Madeiras zweiter Golfplatz wurde auf dem Gelände der Quinta do Palheiro Ferreiro (Blandy's Garden) angelegt. *Reitgelegenheit* bietet gleich nördlich von Funchal der Club «Hipismo» an der Straße von Terreiro da Luta nach Choupana. Und überall hat man auf öffentlichen Plätzen oder Hotelanlagen die Möglichkeit zum *Tennisspielen*.

## DER MANUELISMUS

Als König Manuel I. von 1495 bis 1521 Portugal regierte, war sein kleines Land dank seiner Kolonien mächtig und vor allem reich. Der kunstinteressierte König steckte viel Geld in repräsentative Bauten, und auf der Basis der Spätgotik entwickelte sich ein Dekorationsstil, der nach ihm in der europäischen Kunstgeschichte «Manuelismus» genannt wird: Steinmetzarbeiten vor allem an Portalen und Fenstern zeigen stilisierte Symbole der Weltmacht Portugal – wie das achtspitzige Christusritter-Kreuz –, Maritimes wie Tang, Schiffstaue und -knoten oder exotischen Pflanzenwuchs. Die auf Madeira erhaltenen Beispiele des Manuelismus sind eher schlicht – wie etwa das Seitenportal der Kirche von Machico. Am eindrucksvollsten geben den Manuelismus auf der Insel noch die beiden Fenster im Garten der Quinta das Cruzes wieder *(siehe Seite 48)*; Funchals Bürgerhäuser haben leider nur Spuren bewahrt.

## SOUVENIRS: DAUERHAFTES UND SCHMACKHAFTES

Noch viele Jahre wird sich an den Urlaub erinnern, wer etwas von den auf der Insel gefertigten *Korbwaren* mitnimmt: exotischen *Blumen* der Insel den Transport gut überstehen – Strelitzien und Orchideen halten sich besonders lange. *Setzlinge* und *Saatgut* für den heimischen Garten erhält man in den Gewächshäusern des Botanischen Gartens.

Wenn sie allzu sperrig sind, kann man sie sich auch nachsenden lassen. Etwas Platz im Koffer sollte für *Stickerei-Arbeiten* aus Madeira reserviert bleiben, bei denen ein Siegel für die Qualität garantiert, und vielleicht auch für ein Paar der *Botas da Madeira*, der bequemen Lederstiefel.

Den qualitätvollen *Madeirawein* für ein paar schöne Abende zu Haus bekommt man bruchsicher verpackt, und die Marktfrauen sorgen dafür, daß auch die

*Tropische Früchte* – wie Papayas, Mangofrüchte oder Anonas – sollte man in noch etwas unreifem Zustand mitnehmen *(siehe auch Seite 72)*; eine lange Lebensdauer haben *kandierte Früchte* oder der lebkuchenartige *Bolo de Mel*. Und etwas ganz besonders Originelles für daheim findet man mit Sicherheit auf dem *Flohmarkt* von Funchal, der an jedem ersten Wochenende im Monat auf dem Platz am Zarco-Denkmal stattfindet.

## VOM SCHLITTEN ZUM JUMBO-JET

### Zur Entwicklung des Tourismus

*Auf etwa 200 Jahre Tourismus kann Madeira zurückblicken, und in dieser Zeit hat nicht nur der Bus den Maultierschlitten abgelöst – auch der Typ der Insel-Gäste und ihre Erwartungen haben sich verändert.*

Recht abenteuerlich hört sich für uns heute an, was Otfrid von Hanstein 1928 über einen Ausflug auf Madeira schrieb: «Langsam ziehen die braven Maultiere unser gleitendes Himmelbett über die glattgeschliffenen Steine aufwärts. Zwei Männer und ein halbwüchsiger Junge gehen schwitzend nebenher. Der Junge immer damit beschäftigt, einen Sack, in dem sich ausgekochter Talg befindet, unter die Schlittenkufen zu schieben, damit diese leichter gleiten. [...] Nun aber haben die Schlittenkufen die unangenehme Angewohnheit, gern abzugleiten, und besonders bei den oft sehr scharfen Kurven, die eigentlich rechte Winkel sind, haben sie die Neigung, oft ein ganz niedliches Stück über den Abhang hinauszuhängen [...]»

Noch vor wenigen Jahren warben Reiseprospekte für die Insel mit Bildern von fahrbereiten Ochsenschlitten, geschmückt mit Baldachinen. Das war eine nostalgische Erinnerung: Doch für diejenigen Touristen früherer Zeiten, die nicht laufen wollten oder konnten, waren tatsächlich Schlitten, Hängematte und Sänfte *die* Verkehrsmittel, um Madeiras landschaftliche Reize selbst im unwegsamen Hochgebirge zu erleben.

Die Insel hat eine lange touristische Tradition. Bereits im 18. Jahrhundert stand sie im Ruf eines gesunden Klimas; der Arzt Dr. Thomas Heberden stellte um 1751 die erste Klimatabelle auf, die für das Überwintern auf Madeira warb. Vor allem die schwindsüchtigen Mitglieder herrschaftlicher Familien kamen nach Funchal. Englische Kolonialbeamte auf dem Weg nach Indien oder Südafrika machten hier Station; britische Gäste ließen zum Überwintern ihren ganzen Hausstand nachkommen, um nicht auf heimischen Komfort verzichten zu müssen. 1887 zählte man 300 englische Familien, die in Funchal logierten: Sie malten, wanderten, ritten, arrangierten Picknicks und gründeten englische Klubs. Für diese Gäste wurden die inseltypischen Verkehrsmittel «modernisiert»: Ihre Schlitten wurden gepolstert, um die Stöße des Pflasters abzufangen, ihre Hängematten erhielten Vorhänge, damit sie inkognito bleiben konnten, die Sänften wurden mit Schutzdächern gegen Regen und Sonne versehen.

Im 19. Jahrhundert wurde das Märchen «Vom Tellerwäscher zum Millionär» auch auf Madeira wahr: Vierzehnjährig kam der Schotte William Reid auf die Insel, arbeitete erst in einer Bäckerei und übernahm dann die Vermittlung von Quintas. Schließlich konnte er selbst Land kaufen und begann mit dem Bau eines Luxushotels. Reid wollte einen neuen Typ von Touristen nach Madeira locken: Den, der lieber im Hotel als in der preiswerten Quinta wohnt. Er schaffte es – und das Reid's Hotel hat auch nach 100 Jahren seinen legendären Ruf und seine englische Atmosphäre bewahrt.

**Vorbei an einem der malerischen Santana-Häuser führt dieser Ausflug mit der Sänfte (Fliesenbild).**

Als die Touristen noch mit Dampfern nach Madeira kamen, entwickelten sich die Souvenirstände am Hafen mit Stickereien und Weidenrutenartikeln; Kinder tauchten nach Münzen, die Ankommende «großzügig» ins Meer warfen. Die Souvenirstände sind zu großen Geschäften entlang des Kais geworden, die Kinder gehen heute alle zur Schule. Dampfer voller Touristen legen immer noch in Funchal an, doch sie entlassen auf ihren Kreuzfahrten die Gäste nur für einen Tag zum Stadtbummel. Die königlichen Hoheiten von ehemals reisten mit eigenen Luxusyachten an, die vielen luxuriösen Boote heute im Yachthafen gehören nun namenlosen Weltenbummlern.

Nach den gekrönten Staatsoberhäuptern kamen auch «Exilierte», wie General Batista von Kuba oder Marschall Pidsudski von Polen. Sie waren gern gesehen, denn sie hatten genug Geld, um die teuersten Suiten der Luxushotels zu mieten; und auch die Liste berühmter Schauspieler in Funchals Hotels ist lang.

Der Weg zum Flugtourismus war beschwerlich, denn außer der fast ständig nebligen Hochebene von Paúl da Serra gibt es keine ausgedehnte ebene Fläche, die zum Flughafen hätte ausgebaut werden können. Mit einem Wasserflugzeug erreichte man dann 1921 erstmals Madeira auf dem Luftweg: Den beiden Piloten, die in Funchals Bucht landeten, hat man im Stadtpark ein Denkmal gesetzt. Seit 1949 flogen luxuriöse Wasserflugzeuge von der Isle of Wight regelmäßig die Bucht an; nach zwei Abstürzen wurde der Flugverkehr 1958 eingestellt. Anschluß an das moderne Tourismusgeschäft brachte erst 1964 der Flughafen bei Santa Caterina an der Südostküste, dessen kurze Piste Start und Landung immer noch spektakulär macht. Durch ihre Verlängerung kann man wohl ab 1999 auch Jumbo-Jets erwarten.

**In Monte: Korbschlittenfahrt als Kupferrelief.**

Urlauber aus allen europäischen Ländern kommen inzwischen auf die Insel, erleben Madeiras Bergwelt hauptsächlich vom Bus aus, genießen die Sonne der Südküste am Swimmingpool und die Blumenpracht auf Spaziergängen durch die Parks. Der Kampf um den Feriengast ist zu einem harten Geschäft geworden, und ohne Strandleben und die damit verbundenen Wassersportmöglichkeiten kann Madeira auf Dauer den Wettlauf mit den benachbarten sonnigeren Kanarischen Inseln nicht gewinnen. Eine mögliche touristische Zukunft könnten die «Aktivurlauber» darstellen, die sich die Insel erwandern wollen: Denn in dieser Hinsicht hat Madeira – auch ohne Hängematte und Maultierschlitten – sehr viel zu bieten.

*Wendula Dahle*

## SEHENSWERTE ORTE VON A BIS Z

*Ziffern im Kreis verweisen auf die Karte Seite 57, kursive Ziffern am Ende eines Abschnitts auf Abbildungen.*

**BLANDY'S GARDEN** ① (auch: Quinta do Palheiro Ferreiro – «Landhaus zur strohgedeckten Hütte des Schmiedes»). Neun Kilometer außerhalb von Funchal in Richtung Camacha liegt dieses Landhaus, das im Privatbesitz der englischen Familie Blandy ist *(siehe auch Seite 48)*. Der besonders schöne, gepflegte Garten ist unter der Woche vormittags für das Publikum geöffnet. Die Höhenlage von etwa 550 Metern förderte vor allem das Gedeihen subtropischer Pflanzen. Berühmt ist der Park für seine Kamelien, Magnolien, Araukarien und für die seltene *Telopea speciosissima* (Waratah).
Im östlichen Teil der ausgedehnten Anlage wurde in 600 Meter Höhe in reizvoller Umgebung inzwischen Madeiras zweiter Golfplatz angelegt.

**CABO GIRÃO** ② («Kap der Umkehr»). Mit 580 Metern soll es das zweithöchste senkrecht zum Meer abfallende Kliff der Welt sein. Es liegt westlich von Funchal und ist wegen der grandiosen Aussicht ein regelmäßiger Stopp für Touristenbusse. Besonders beeindruckend sind die winzigen Felder, die auf kleinen Felsvorsprüngen, noch sorgfältig terrassiert, angelegt wurden. Von einem Weg entlang der Felsen, der von oben allerdings nicht sichtbar ist, sind diese Nischen erreichbar. Bis heute wird den Touristen aber gern erzählt, mutige Männer ließen sich an Seilen von der Felskante herab, um diese Terrassen zu bearbeiten. *32*

**CALHETA** ③ («Kleine Bucht»). Dem kleinen Ort an der Südküste, 60 Kilometer westlich von Funchal, gab wahrscheinlich bereits Zarco seinen Namen, denn er ist einer der wenigen Orte an Madeiras Küste, die sich zur Landung eignen. Zarco setzte seinen Sohn zum Pachtherren über dieses Gebiet ein, das sich für den Zuckerrohranbau als außerordentlich günstig erwies. 1502 lebten dort bereits 400 Familien, die Sklaven nicht mitgezählt. Die im 15. Jahrhundert errichtete und später umgebaute *Gemeindekirche* Calhetas ist Zeuge dieses frühen Reichtums: In den Ornamenten der außerordentlich kunstvoll gestalteten Holzdecke sind die Geschicklichkeit und die Tradition der maurischen Sklaven mit der Mode des damaligen manuelinischen Stils *(siehe Seite 59)* eine besonders glückliche Verbindung eingegangen.
An der Küstenstraße, kurz vor Einfahrt in den Ort, ist ein Schornstein einer Zuckermühle noch gut erhalten; weitere Überbleibsel der ehemaligen Zuckerproduktion sind neben der Straße ausgestellt.
Im nahen *Estreito da Calheta* verdient die Dreikönigskapelle (16. Jahrhundert) mit einem schönen Altarbild Beachtung.

**CÂMARA DE LOBOS** ④ («Robbenkammer»). Der portugiesische Chronist Gaspar Frutoso beschrieb diesen Ort im 16. Jahrhundert so: Die frühen Seeleute fanden hier «einen schmalen Felsen, der langgestreckt ins Meer ragte und mit einem anderen als Begrenzung eine stille Meeresbucht bildete; hier hat die Natur eine riesige Muschel geformt, so daß eine Höhle wie eine Kammer mit lebendigen Felsen als Wänden entstand. Sie ankerten und entdeckten viele Robben.» Die Robben sind bis auf eine kleine Herde, die auf den Desertas Zuflucht gefunden hat, ausgerottet; die Erinnerung an sie aber ist im Namen des Ortes festgehalten, und die «Muschel» ist das heutige Hafenbecken. Die bunten Boote reizten einen der prominentesten Besucher der Insel, seine Staffelei hier aufstellen zu lassen. Ein Schild am Ortseingang erinnert an ihn: «Aqui pintou em 1950, *Winston Churchill*» (Hier malte 1950 W. C.).

**Oben: Am Cabo Girão. Selbst hier, zwischen Kliff und Meer, wurde jeder Quadratmeter zur Anlage von Feldern genutzt.**

**Unten: Nachts gehen die Fischer von Câmara de Lobos ihrem Beruf nach, tagsüber ist dann auch Zeit für ein Kartenspiel.**

Câmara de Lobos ist die Fangstation für Madeiras Tiefseefisch, den *Espada*. Die Fischer fahren nachts nur wenige Kilometer aufs Meer hinaus, um den Espada aus 1000 Metern Tiefe zu «angeln». Tatsächlich werden an den Angelschnüren bis zu 150 Haken befestigt, um den Fisch von so tief unten zu holen, was großes Geschick erfordert. Der glatte, schwarz glänzende, schlanke Fisch schillert in der Tiefe in allen Farben, stirbt aber bereits beim Hochziehen an die Oberfläche und wird schwarz. Das erste, 1840 per Zufall gefangene Exemplar ist heute im Britischen Museum in London ausgestellt. Mit neuen Restaurants, einer kleinen Fußgängerzone und der Renovierung der Häuser auch der «Ilhéu», eines dicht bebauten Felsens, versucht Câmara de Lobos Anschluß an den touristischen Boom des benachbarten Funchal zu finden, dessen Hotels bereits seinen Stadtrand erreichen, denn allein vom Fischfang können seine Bewohner sich nicht ernähren, und in den großen Weingärten der Umgebung finden sie nur als Saisonarbeiter Beschäftigung.

Die Kapelle *Nossa Senhora da Conceicão* liegt auf dem kleinen Strand am Hafen und ist ursprünglich noch im Auftrag von Zarco um 1420 errichtet worden. Sie wurde 1723 restauriert und besitzt schöne Barockschnitzereien und Ölgemälde aus dem Leben des heiligen Pedro Gonçalves

**Mitte: Als eine Spezialität von Câmara de Lobos gilt getrockneter Katzenhai (Gata); er wird für etwa sechs Wochen an Gestellen in den Felsenklippen der Sonne ausgesetzt.**

## DATEN ZUR GESCHICHTE MADEIRAS

**1351** Auf einer florentinischen Seekarte ist der Archipel im Atlantik zum ersten Mal verzeichnet.

**1418** João Gonçalves Zarco und Tristão Vaz Teixeira nehmen die unbewohnte Inselgruppe für das portugiesische Königshaus Aviz in Besitz.

ab **1420** Besiedelung Madeiras.

**1425–1530** Die Zuckerproduktion bringt Reichtum für die Inselherren; Madeira wird zum bedeutendsten Zuckerlieferanten Europas.

**1508** Die Hauptstadt Funchal erhält von König Manuel I. *(siehe Seite 59)* ihr Wappen mit den fünf Zuckerhüten.

**1513** Errichtung des Forts São Lourenço in Funchal zum Schutz des Hafens gegen Piratenangriffe.

**1516** Bau der Kathedrale Sé in Funchal; die Hauptstadt ist Bischofssitz.

**1566** Französische Piraten überfallen und plündern Funchal.

**1580** Portugal verliert seine Unabhängigkeit und wird ein Teil Spaniens.

**1640–1668** Mit Hilfe Englands besiegt die Dynastie Braganza Spanien und wird Herrscher über ein unabhängiges Portugal.

**1703** Handelsvertrag zwischen Portugal und England. Die Zahl der schon im 17. Jahrhundert auf Madeira gegründeten englischen Handelshäuser vermehrt sich; Madeira wird Weinlieferant der englischen Kolonien und Umschlagplatz für Zucker aus Brasilien.

**1807** Einmarsch Napoleons in Portugal. Die Engländer besetzen die Inselgruppe, um sie nicht in die Hände der Franzosen fallen zu lassen.

**1828** Eine liberale Revolte auf der Insel gegen Miguel I. wird von königlichen Truppen niedergeschlagen.

**1852/1872** Mehltau und Reblaus zerstören Madeiras Weinreben; die Krise in der Weinproduktion führt zu vielen Auswanderungen.

**1891** Das Reid's Hotel wird eröffnet.

**1910** Portugal wird Republik.

**1926–1974** Eine Militärdiktatur regiert das Land.

**1931** Die «Hungerrevolte» auf Madeira, die wegen der Preissteigerungen von Mehl geführt wurde, schlagen Truppen aus Lissabon nieder.

**1960–1970** Ausbau des Levadasystems; Elektrifizierung aller Dörfer.

**1974** «Nelkenrevolution»: Liberale Vertreter des Militärs führen Portugal zurück zur Demokratie.

**1976** Madeira wird «Autonome Republik» innerhalb Portugals mit weitgehenden Selbstverwaltungsrechten.

**1985** Die sehr kurze Landebahn des Flughafens von Machio wird verlängert.

**1986** Portugal wird Mitglied der EG.

**1991–1995** Ausbau des Straßennetzes auf der gesamten Insel mit der Unterstützung durch EG-Mittel für strukturschwache Gebiete.

**Am Hafen von Funchal hat man Christoph Kolumbus (1451–1506) ein Denkmal errichtet, der 1474 als**

**CANIÇAL** ⑤ («Ort, an dem Ried wächst»). Dieses Fischerdorf liegt an der Ostküste Madeiras, dort, wo die Halbinsel São Lourenço ein schmales Anhängsel bildet. Der Ruf «Balaia, balaia» (Wal, Wal!) ist inzwischen verklungen; bis 1981 wurden hier auf alte abenteuerliche Weise noch jährlich 100 bis 200 Pottwale harpuniert. Wenn die Wale vor der Küste auftauchten, wurden die Männer – meist Landarbeiter und Fischer – durch eine abgefeuerte Rakete zusammengerufen. An die alte Walfangstation erinnerten bis 1990 die Knochen, die als Zaunpfähle benutzt wurden. Sie verschwanden, nachdem leider die noch gut erhaltene Fangstation abgerissen und das Terrain einer eingezäunten «Freihandelszone» angegliedert wurde. Bis heute ist der Kustos des *Walfangmuseums*, ein ehemaliger Walfänger, darüber empört, daß nicht die Walfangstation selbst zu einem Museum ausgebaut worden ist: Hier hat Madeira die Chance vertan, ein Stück seiner Geschichte besonders anschaulich darzustellen.

Die Hänge von Caniçal waren früher mit vielen Drachenbäumen und wilden Ölbäumen bewachsen. Nach der Rodung erodierte das Land, so daß die Hügel heute steppenartigen Charakter haben. Erst mit dem Bau des Straßentunnels, der São Lourenço mit den anderen Orten Madeiras verbindet, wurde 1950 auch eine Levada nach Caniçal geführt, und man bemüht sich heute, die weitere Erosion des Bodens zu verhindern. Die Bewohner Caniçals hatten nie Anteil an dem zeitweiligen Reichtum madeirensischer Bürger, und in Funchal wird behauptet, sie hätten lange Zeit so abgeschieden von der übrigen Insel gelebt, daß ihr Portugiesisch eine eigene Variante aufweise.

An der *Prozession* zu Ehren von «Nossa Senhora Piedada» alljährlich im September nehmen inzwischen wegen ihrer besonderen Attraktivität auch gern Madeirenser aus anderen Orten teil: Sie findet nämlich in geschmückten Booten auf dem Meer statt – und natürlich gibt es beim Dorffest auch ein Feuerwerk.

**CURRAL DAS FREIRAS** ⑥ («Stall der Nonnen»). Nur 15 Kilometer landeinwärts von Funchal entfernt liegt dieser Ort in einem Talkessel, der bis 1959 nur über einen Bergpfad zu erreichen war, den man immer noch neben der engen Straße sieht. Er führt von *Eira do Serrado* 400 Meter bis nach Curral abwärts. Es ist ein reizvoller Fußweg, der bei dem Aussichtspunkt von Eira do Serrado beginnt. Bis 1994 waren die vielen kleinen Orte entlang des Baches vom Curral-Tal nur zu Fuß zu erreichen. Das Tal war Ausgangs- und Endpunkt zahlreicher Wanderun-

**Links oben:** Picknick mit Aussicht und Schatten in der Nähe von Curral das Freiras.

**Links unten:** Auch in der Inselmetropole Funchal mit ihrem oft beklagten starken Verkehrsaufkommen findet man noch stille Gassen.

gen. Der Straßenbau hat es nun näher an Funchal herangebracht, es zugleich aber stark seines landschaftlichen Reizes beraubt *(siehe Seite 13, 19)*.
Zu dem seltsamen Namen »Stall der Nonnen« kam es, weil während der Plünde-

**Mitte: Das Rathaus von Funchal wurde 1758 als Stadtresidenz für den Grafen von Carvalhal errichtet, den damals reichsten Bürger Madeiras. Heute befindet sich hier das Stadtmuseum.**

**Rechts: Nostalgisches Plakat zum Lob des Inselweines in einem kleinen Weinlokal der Hauptstadt.**

rung Funchals durch französische Piraten 1566 die Nonnen des dortigen Klosters Santa Clara sich in diesen Talkessel flüchteten, der sich damals in Klosterbesitz befand. Die traditionelle Herstellung süßer Liköre und Bonbons in Curral wird gern auf die Klosterfrauen zurückgeführt. *56*

**ENCUMEADA-PASS** ⑦ (»Paß über einen Bergrücken«). In 1000 Metern Höhe teilt er Madeiras Bergmassiv in den östlichen Teil mit den verwitterten Lavagesteinsspitzen von fast 2000 Metern und den westlichen mit dem etwa 1300 Meter hoch gelegenen sumpfigen Gebiet von → *Paúl da Serra*. Die Straße über den Paß ist der wichtigste Verbindungsweg zwischen dem Nordwesten und dem Süden der Insel. Auf dem Südabhang des Passes liegen die *Pousada dos Vinháticos*, die oft von Bergclubs ausgebucht ist *(siehe auch Seite 57)*, und das neue Hotel »Residential da Encumeada«. Viele reizvolle Berg- und Levadawanderwege, die von hier aus

**FUNCHAL** ⑧ (»Ort, wo der Fenchel wächst«). Funchal ist die Hauptstadt des Madeira-Archipels. Die etwa 100 000 Einwohner leben vor allem in Häusern an den Steilhängen, die Funchals Hafen wie ein Amphitheater umschließen. Der Hafen ist Ankerplatz regelmäßig verkehrender Kreuzfahrtschiffe; an der Mole, die den neu ausgebauten Yachthafen umgibt, liegen Segelyachten aus aller Welt.
Die *wirtschaftliche Entwicklung* der Stadt hing immer davon ab, wozu die Insel politisch-ökonomisch gerade gebraucht wurde: Da Madeira im 15. Jahrhundert zur ersten europäischen Zuckerrohrplantage gemacht worden war, verdankt die Stadt ihre frühen Bauten mit manuelinischen Elementen diesem »weißen Gold«. Nachdem das Kolonialreich Portugal in Brasilien produktivere Zuckerrohrplantagen anlegen konnte, konzentrierten sich Anbau und Handel auf den Madeirawein *(siehe auch Seite 28)*, so daß sich große, vor allem englische Weinkompanien rund um das Hafenbecken niederließen, wo bis heute ihre Weinkeller und Abfüllanlagen zu besichtigen sind. Der Hafen diente jahrhundertelang als Zwischenstation zur Erkundung der afrikanischen Küste, und zwar für alle europäischen Kolonialmächte, so daß Madeira nie unberührt blieb von den kriegerischen Auseinandersetzungen auf dem Kontinent.
Der *Tourismus*, der im frühen 19. Jahrhundert einsetzte *(siehe Seite 60)*, konzentriert sich bis heute ebenfalls auf Funchal. Die Erschließung Madeiras für den modernen Fremdenverkehr seit dem Bau des Flughafens 1964 und seiner Erweiterung 1985 ging Hand in Hand mit der Entwicklung eines eigenen Hotelviertels entlang der Estrada Monumental im Westen der Hauptstadt. Funchal bietet schon jetzt die größte Konzentration von 5-Sterne-Hotels der Welt auf so engem Raum, was es zu einem beliebten Tagungsort internationaler Kongresse werden ließ. Das mit dem Tourismus verbundene Verkehrsproblem läßt im Zentrum der lauten, geschäftigen Stadt Autos Stoßstange an Stoßstange stehen, dazwischen bahnen sich knatternde Mofas einen Weg, und eingekeilte Busse verströmen ihre Auspuffgase. Mit der »Via rapida« und der »Cota 200« setzt Madeiras Metropole auf den Ausbau von Schnellstraßen.
Der *Botanische Garten* (Jardim Botânico) der Hauptstadt liegt im Nordosten mit schönem Blick auf Funchal. Er wurde 1960 im alten Park der Quinta do Bom Sucesso eröffnet, die der schottischen Familie Reid gehörte. Die endemische, also ursprünglich nur auf Madeira vorkom-

## KUNST AM BAU

Aus Fliesen zusammengesetzte Bilder von oft großem Ausmaß findet man in ganz Portugal: Die farbige Fliese hat ihre Wurzeln in der Zeit, als die Mauren das Land beherrschten. Die im 16. Jahrhundert aus Italien übernommene Majolika-Technik machte das Bemalen des gebrannten Tons möglich, und schließlich kam im 17. Jahrhundert aus dem holländischen Delft die Anregung, Keramik in Blau und Weiß zu dekorieren. »Azulejos pintados« nennt man diese »bildtragenden« Fliesen, und schöne frühe Beispiele sind etwa im Museum der Quinta das Cruzes in Funchal *(siehe Seite 48)* zu besichtigen – doch auch in manchen Kirchen auf Madeira findet man sie, über den Türen vieler Privathäuser oder an Funchals Handelskammer. Neben biblischen Szenen sind oft Landschaft und Folklore Madeiras das Motiv. Gerade bei der Ausstattung von Bauten jüngster Zeit besinnt man sich wieder auf die Keramikkunst.

reich zusammengefaßt. Man kann Saatgut und Setzlinge aus den Gewächshäusern kaufen. Angrenzend sind der erst 1989 eröffnete Papageienpark (Jardim dos Louros) mit 500 tropischen Vögeln und eine Orchideenzucht zu besuchen.
Der Architekt des *Casinos* und des *Casino Park Hotels* war Oscar Niemeyer, der seinen weitläufigen Stil von Brasilia auf das enge Madeira übertrug: Das halbkreisartig angelegte, teilweise auf Stelzen stehende Hotel und der Rundbau des

Arriaga im Osten ab. Sie wurde von König Manuel I. von Portugal in Auftrag gegeben und 1516 eingeweiht. Im Inneren ist die Holzdecke aus Madeira-Zeder mit Elfenbeinintarsien bemerkenswert, wenn man auch wegen der Höhe des Kirchenraumes nicht viel erkennen kann.
Das *Fußballstadion* in der Rua do Dr. Pita lohnt bei einem Heimspiel der erstklassigen Mannschaften «Marítimo», «Unão» und

«Naçional», die die kleine Insel Madeira in der ersten portugiesischen Liga vertreten, einen Besuch. Es ist ein Volksfest, und Weltklassespieler sind hautnah zu erleben. Übrigens: Im Jahr 1875 soll das erste Fußballspiel Portugals auf Madeira stattgefunden haben, und seitdem wird hier jede nur irgendwie ebene Fläche für diesen Volkssport genutzt.
Funchal bietet in zahlreichen kleineren Museen dem Besucher Einblick in seine Geschichte: Das *Fotomuseum Vicentes* liegt im Zentrum der Stadt. Sein Patio, in dem kleine Mahlzeiten serviert werden, ist mit ständig wechselnden alten Fotografien der Insel geschmückt.
Der Bau mit Galerie und Innenhof ist ein schönes Beispiel für die frühere Architektur Funchals; es stimmt einen traurig, daß so viele alte Bürgerhäuser der Modernisierung zum Opfer fielen. Dieses Haus hatte sich Vincente Gomes da Silva 1865 als Fotoatelier eingerichtet – das erste in Portugal! Es bietet eine Ausstellung mit alten Aufnahmen, Apparaten und Studiokulissen mit «Schnürboden».
Im Museum der *Quinta das Cruzes* (in der Oberstadt an der Calcada do Pico) kann man eine Vorstellung vom Lebensstil der reichen madeirensischen Kaufleute gewinnen *(siehe auch Seite 48)*; interessant ist hier auch der archäologische Park. Das *Museu Municipal* (Städtisches Museum) beherbergt eine Sammlung zur

Flora und Fauna des Archipels und ein kleines Salzwasseraquarium; auch die 1838 gegründete Städtische Bibliothek ist hier untergebracht. Das Gebäude selbst, das aus dem 18. Jahrhundert stammt, gilt wegen seines gediegenen Treppenhauses als eines der schönsten alten Wohnhäuser der Hauptstadt.
Das *Museu da Cidade* (Stadtmuseum) im Rathaus wurde 1988 eröffnet und macht mit alten Fotos, Dokumenten, Stadtansichten, Kachelbildern und Stadtplänen mit Funchals Geschichte vertraut.
Das *Museu de Arte Sacra* (Museum für sakrale Kunst) im ehemaligen Bischofspalast neben dem Rathaus stellt die wertvollen Kunstgegenstände madeirensischer Kirchengemeinden, aber auch Gemälde portugiesischer und flämischer Meister aus, von denen einige im Tausch gegen Zucker auf die Insel kamen. Und selbstverständlich muß es in Funchal auch ein *Museum der Geschichte des Madeiraweines* und seiner Herstellung geben: Die «Madeira Wine Company» und das staatliche Weininstitut haben jeweils eine ständige kleine Ausstellung. Bemerkenswert ist auch das private Museum von *Diogos Wine & Spirits Shop:* Seit Jahrzehnten sammelt die Familie Vasonçelos Exponate zum Leben von Kolumbus. Diese sind im Untergeschoß des Ladens in der Avenida Arriaga 48 zu sehen.
Die *Quinta Magnólia* gehörte früher dem «British Country Club» *(siehe Seite 48)*. Nachdem sie in staatlichen Besitz übergegangen war, wurde sie völlig umgebaut. In ihren Räumen werden gelegentlich auch Arbeiten des deutschen Malers Siegward Sprotte, der auf Sylt und Madeira lebt, gezeigt, außerdem steht sie für aktuelle Ausstellungen zur Verfügung. Im Restaurant bedienen Angehörige der Hotelfachschule zu Ausbildungs-

## EIN BLICK NACH UNTEN

Größere Plätze und auch Bürgersteige auf Madeira sind oft mit Straßenmosaiken geschmückt – wer achtlos darübergebummelt ist, den macht spätestens der weitläufige Rathausplatz von Funchal darauf aufmerksam: Wie große schwarzweiße Schuppen überzieht das Mosaik den Platz und vermittelt den Eindruck einer leichten Wölbung. Madeira übernahm mit dem Straßenmosaik eine Lissaboner Tradition, die beim Wiederaufbau der Stadt nach dem großen Erdbeben 1755 aufkam. Es wird sorgsam darauf geachtet, daß die Mosaike immer wieder restauriert werden. Früher setzten sich weiße, vom Meer gerundete Kieselsteine vom schwarzen Basalt ab, heute arbeitet man mit zurechtgeklopften Steinen.

**Links: Eine Szene aus einer französischen Fabel zeigt dieses Fliesenbild in der Quinta Vigia von Funchal, die heute Wohnsitz des Präsidenten der Regionalregierung von Madeira ist.**

**Mitte oben und unten: Nachbildungen von Hunde- und Menschenköpfen an den Enden der Dachfirste sind typisch für die ländliche Architektur Madeiras. Sie haben ihren Ursprung in der Abwehr böser Geister.**

**Unten: Sorgfalt beim Restaurieren eines Straßenmosaiks in Funchal.**

zwecken den Gast. Der dazugehörige Park bietet Möglichkeiten zum Tennis-, Squashspielen und Schwimmen.
Die *Fortaleza de São Lourenço* wird auch «Palácio» (Palast) genannt, denn sie ist schon lange keine Festung mehr, sondern die Residenz des Regierungschefs von Madeira und deshalb nicht zu besichtigen. Ihre Tore wurden in jüngster Zeit jedoch für eine permanente Ausstellung zur Militärgeschichte geöffnet. Die *Fortaleza do Pico,* die oberhalb des Museu das Cruzes die Stadt überragt, wird heute noch von der portugiesischen Marine genutzt. Deshalb sind die Innenräume für Besucher nicht zugänglich. Aber der steile Anstieg auf der Calçado do Pico bis zum Fort lohnt sich trotzdem, weil man von den Zinnen und Wehrmauern dieser Burg einen schönen Rundblick über Funchal genießen kann: Das Fort liegt immerhin 111 Meter hoch und war, als es 1572 gebaut wurde, zunächst als «Ausguckposten» konzipiert.
Das dritte, sehr gut erhaltene Fort *Fortaleza de São Tiago* oder *St. James Fort,* liegt am Hafen und begrenzt die Altstadt nach Osten. Sein ockerfarbener Putz und die mit Rundkuppeln versehenen Türmchen wirken eher freundlich als abweisend. Sein Bau begann wohl bereits

**Die Jungfrau Maria ist die Schutzheilige Madeiras, und ihr ist auch die Wallfahrtskirche von Monte geweiht, deren Vorderfront neben einer Marienfigur auch zwei Fliesenbilder aus unserem Jahrhundert schmücken.**

mehr beherbergt es in seinen gut erhaltenen Mauern das Museum für zeitgenössische Kunst. Der Spaziergang zu diesem Fort ist deshalb besonders reizvoll, weil die schmale Gasse, die zu ihm führt, an der *Praia das Estrelas* endet, einem steinigen Strand, der bei den Funchalesen sehr beliebt ist. In den hübschen, blauweiß gestrichenen Häuschen verwahren die wenigen Fischer ihre Gerätschaften und treffen sich gern in der Bar direkt unterhalb der Mauern des Forts. *19, 20, 21, 22, 23, 24/25, 26, 73*

**MACHICO** ⑨ sieht man bereits beim Anflug auf das ins Meer hinausgebaute Flugfeld bei *Santa Catarina.* Es war bislang mit den großzügigen Ferienanlagen von Matur in Ágna de Pena nach Funchal das wichtigste touristische Zentrum, doch durch die weitere Verlängerung der Landebahn und die Intensivierung des Flugverkehrs können seine Feriensiedlungen mit ihren großzügigen Sportanlagen nicht mehr genutzt werden. Da die Touristen sich den Fluglärm nicht weiter zumuten lassen, ist geplant, die Gebäude in eine soziale Wohnsiedlung umzuwandeln. So wird der Ort weiter an Bedeutung verlieren. Einst spielte er in der Geschichte der Insel eine wichtige Rolle: So

hier aus durch Teixeira die östliche Hälfte der Insel regiert. Der schwarzsandige Strand, die einzige größere ebene Fläche im Tal von Machico, wird heute von einem Fußballfeld dominiert.
Auch in Machico ist «König Fußball» wichtiger als der kleine, in die Ecke gedrängte Hafen mit Bootswerft im Ortsteil Banda d'Além oder auch die wenigen Restaurants für die Touristen.
Der Ursprung des Ortes wird mit einer Liebesromanze eines adligen Engländers mit Namen Machim in Verbindung gebracht, der hier mit seiner Geliebten 1346 gestrandet sein soll. In vielen Varianten wird diese romantische Geschichte erzählt. Bis heute spielt der Wunderglaube für Machico eine besonders wichtige Rolle: So glaubt man fest an die heilende Wirkung der Quelle bei der *Rochus-Kapelle* und an die überirdischen Kräfte der hölzernen Christusfigur in der *Capela do Senhor dos Milagres* (Kapelle des wundertätigen Herrn). Alljährlich bitten am 8. und 9. Oktober Pilger in einer eindrucksvollen *Prozession* diese Figur um Heilung von ihren Krankheiten.

**MONTE** ⑩ («Berg») ist heute ein Vorort Funchals und liegt 600 bis 900 Meter oberhalb des Stadtzentrums. Monte hat

noch von einstigem Glanz. Im Mittelpunkt der Gemeinde steht die Wallfahrtskirche *Nossa Senhora do Monte* aus dem 18. Jahrhundert, Nachfolgebau einer spätmittelalterlichen Kapelle. Jährlich zu Mariä Himmelfahrt finden sich Mengen von Wallfahrern zu Andacht, aber auch zu festlichem Treiben ein *(siehe auch Seite 14).* In einer Seitenkapelle der Kirche ruht Karl von Habsburg, der letzte Kaiser der Österreicher, der Ende 1921 auf Madeira Exil fand – seine Frau Zita war mit dem portugiesischen Königshaus verwandt – und die wenigen Monate bis zu seinem Tod vorwiegend in der Quinta Gordon in Monte verbrachte.
Wie der Tourist im 19. Jahrhundert kann man auch heute noch von Monte aus eine rasante *Korbschlittenfahrt* über Kopfsteinpflaster aus abgeschliffenen Basaltsteinen bis hinunter in das Zentrum von Funchal erleben. *1, 38/39*

**PAÚL DA SERRA** ⑪ («Sumpf im Gebirge»). Im Westen der Insel liegt eine Landschaft ganz anderen Charakters als die schroffe Bergwelt oder die vielen terrassierten Hänge: Paúl da Serra ist eine sumpfige Hochebene, weder bewohnt noch bebaut. Hier laufen Kühe frei herum – ein seltener Anblick auf Madeira – und schneiden Bauern Farne und Gras. Dieses Plateau, das sich über eine Fläche von 18 Kilometern Länge und 6 Kilometern Breite erstreckt, war zunächst für den Bau eines Flughafens vorgesehen, aber der häufige undurchdringliche Nebel bewahrte diese besondere Landschaft Madeiras vor der Zerstörung. Auf der versumpften Ebene entspringen viele Flüsse, so auch die *Ribeira da Janela*, der größte Fluß Madeiras, in dessen klarem Wasser sich Forellen tummeln und dessen Ufer in ursprünglicher Wildheit belassen worden sind. Auf der Hochebene bietet die Levada do Paúl weite Ausblicke auf die Südwestküste. 1993 wurde hier der erste energieproduzierende *Windmühlenpark* Madeiras eingeweiht. *Rabaçal* und *Bica da Cana* sind mit ihren staatlichen Berghäusern und mit ihren Picknickplätzen beliebte Ausflugsziele. Die «Levada der 25 Quellen», die am dunkelgrün bewaldeten Berghang bei Rabaçal entlangfließt, wird durch einen Tunnel an die Südküste geführt, der so hoch ist, daß die «Herrschaften» früher auf dem Pferd durch ihn hindurchritten.

**PENHA DE ÁGUIA** ⑫ («Adlerfelsen»). Dieser markante, 590 Meter hohe Berg an der Nordküste zwischen Faial und Porto da Cruz ist vulkanischen Ursprungs und verdankt seinen Namen wohl den Fischadlern, die hier früher nisteten. Er setzt mit seiner gekippten Quaderform einen landschaftlichen Akzent; nur von Westen, von Penha de Águia de Baixo aus, ist er zu besteigen. *4/5, 16/17*

**PICO RUIVO** ⑬ («Roter Berg»). Er ist mit 1861 Metern die höchste Erhebung der Insel. Zusammen mit den ihn umgebenden verwitterten Lavabergspitzen bildet er einen schmalen Gebirgsrücken im Osten der Insel, der als Bergbarriere den größten Einfluß auf die beträchtlichen Klimaunterschiede zwischen Norden und Süden hat. Von der Bergspitze aus ist ganz Madeira zu überblicken. Das hier gelegene Rasthaus ist seit 1992 im Besitz der Regierung und steht damit dem Wanderer leider nicht mehr offen *(siehe Seite 35).*

**PONTA DO SOL** ⑭ («Sonnige Landspitze»). Von der Uferpromenade blickt man auf einen Strand voller Geröll, über den die Wogen die Steine klappern lassen.

Die wenigen Boote sind bis auf die Straße hochgezogen. Nostalgisch mutet der sechseckige alte Kiosk an, wo man belegte Sandes *(siehe Seite 58),* Kaffee und Kuchen kaufen kann; außerdem lohnt sich der kleine Weg um den steilen Felsen am Osteingang des Ortes: Hier führt eine Straße zu dem alten Schiffsanleger, der wieder instandgesetzt worden ist, um Ausflügler von Funchal bis hierher zu bringen. Imposant ist von hier aus der Blick zum → *Cabo Girão.*
Im Ort selbst ist die große *Pfarrkirche* mit ihrer holzgeschnitzten Decke und der barocken Ausstattung sehenswert. Schräg

**Links: In Porto Moniz. Wer den Tag mit Wandern und Schwimmen verbracht hat, weiß am Abend ein behagliches Restaurant mit Blick auf die Brandung zu schätzen.**

**Rechts: Anziehungspunkt am Nordwestzipfel Madeiras sind die Naturschwimmbäder von Porto Moniz.**

**Unten: Wem ein frischer Wind nichts ausmacht, dem hat Porto Moniz noch Ruhe und auch einige gemütliche Kneipen zu bieten.**

gegenüber kann der Besucher in der Rua Príncipe D. Luís I. eine interessante Gedenktafel entdecken: 1960 besuchte der amerikanische Schriftsteller und Journalist *John dos Passos* (1895–1970; «Manhattan Transfer») in Ponta do Sol das Haus seiner Vorfahren. *49*

**PORTO MONIZ** ⑮ (Moniz ist ein alter Familienname). Dieser kleine Hafen an der Westspitze Madeiras wirkt außer in den Sommerferien der Madeirenser wie ausgestorben; Ackerbau und Fischfang reichen kaum zum Leben.

Obwohl Porto Moniz über natürliche Schwimmbecken in den Lavafelsen verfügt, hier der einzige Campingplatz der Insel liegt, Hotels und Restaurants einigen Komfort anbieten, kann es mit keinem Ort an der Südküste konkurrieren: Es ist außer im Hochsommer zu regnerisch und mehrere Stunden Fahrzeit von Funchal entfernt. Selbst die Weingärten sind mit Baumheide eingezäunt als Schutz vor dem stetigen starken Wind.

Bei jeder großen Inselrundfahrt ist Porto Moniz miteingeschlossen, denn man kann den Ort auf drei landschaftlich sehr unterschiedlichen Straßen erreichen – über die Hochebene von Paúl da Serra, entlang der Südküste oder über die Nordküste, wo die Felsen so steil ins Meer ab-

**Oben: Auch in Ponta do Sol erinnern noch Treppen mit abgerundeten Stufen an die Zeit, als Schlitten auf der Insel gebräuchliche Verkehrsmittel waren.**

**Unten: Zuckerrohr brachte Ponta do Sol im 15. Jahrhundert Wohlstand; heute ist es von Bananenplantagen umgeben und hat außer seiner Kirche keine touristischen Attraktionen aufzuweisen.**

## VIEL ARBEIT FÜR FOLKLORE

### Traditionelles Handwerk

*Der große Obstkorb wird sicher lange halten, und der Blusenkragen ist noch von Hand bestickt: Nützliche und schöne Erinnerungen kann man von Madeira mitnehmen, und seit langem schon ist ihre Herstellung ein notwendiger Zusatzverdienst für viele Familien der Insel.*

Bei der Industrieausstellung in Funchal 1850 wurde zum ersten Mal auch «madeirensische Spitze» angeboten – und sie gefiel. Miss Phelps, eine geschäftstüchtige Engländerin, nach der eine Straße in Funchal benannt ist, kommerzialisierte die bis dahin private Stickerei und hatte keine Mühe, in der feinen Gesellschaft ihres Heimatlandes Auftraggeber zu finden, denn zur viktorianischen Zeit war Spitze «in Mode». 1860 bereits stickten auf Madeira für Miss Phelps etwa 1000 Frauen vorgegebene Muster. 1912 dann zählte man auf der Insel um die 32 000 Stickerinnen in Heimarbeit und 2500, die in Manufakturen angestellt waren: Dieser Aufschwung war durch den auf Madeira lebenden Dresdner Otto Streit erfolgt, der um 1900 die Produktion so systematisierte, daß die Frauen in reiner Stücklohnarbeit nur mit blauer Farbe aufgepauste Muster als Vorlage hatten. Noch heute wird nur dieser Teil der Arbeit an Stickerinnen auf dem Land vergeben, die nach der Anzahl der vorher ausgerechneten Stiche bezahlt werden, während vom Entwurf des Musters über das Schneidern der Blusen und Decken bis hin zum Verkauf alles andere in den Manufakturen von Funchal oder Machico stattfindet. Auch das Besticken von großen Leinwänden hat auf der Insel Tradition und beschäftigt viele Heimarbeiterinnen. Die erste Manufaktur für «Madeira-Gobelins» wurde 1937 gegründet. [illegible]

Auch in der Verarbeitung von Weidenruten ist die bäuerliche Bevölkerung Madeiras auf einen Nebenverdienst angewiesen. Immer schon bestand ein großer Bedarf an Körben für die vielen Dinge, die über die schmalen Wege und steilen Treppen der Insel transportiert werden mußten, doch erst seit etwa hundert Jahren werden Korbwaren auf den Kontinent und in die USA geliefert – vom Osterkörbchen bis zum Schaukelstuhl. Zentrum der Verarbeitung ist Camacha: In den großen, mehrstöckigen Häusern des Ortes sitzen vorwiegend Frauen und Kinder auf Hockern und fertigen die Handarbeiten an. Dabei werden neben den Fingern immer wieder auch die Zehen und Zähne eingesetzt.

**Links: Täglich Tausende von Stichen für wenig Lohn. – Rechts: Bei der Produktion von Korbmöbeln gibt es starke Konkurrenz aus dem fernen Asien.**

Die Weiden, die dafür auf Madeira angepflanzt werden, haben lange, biegsame Zweige; bei genügend Feuchtigkeit wachsen sie schnell. Deshalb findet man sie vor allem entlang der Flußufer des Nordens. Von Januar bis April schneiden die Bauern die rötlich glänzenden Ruten und tragen sie zu den Sammelstellen. Dort werden sie in großen Bottichen gekocht und von Frauen und Kindern geschält. Von Santana bis Camacha sieht man dann die Rauchfahnen über die Dörfer ziehen, und entlang der Dorfstraße vermischt sich das Levadawasser mit der Brühe aus den Kochkesseln; die Hände der Arbeitenden sind bräunlich verätzt. Die zur Verarbeitung vorbereiteten Bündel stehen noch bis in den April an den Straßen zum Trocknen und verleihen der Landschaft leuchtende Farbtupfer. [illegible]

stürzen, daß für den Bau der Straße zahlreiche Wasserfälle untertunnelt werden mußten. *44/45, 47*

**PORTO SANTO** ⑯ («Heiliger Hafen»). Die nordöstlich von Madeira liegende Insel bietet Touristen vor allem das, was Madeira nicht hat: Hier finden sie einen 9 Kilometer langen goldgelben Sandstrand. Mit einer Fläche von 41 Quadratkilometern, der höchsten Erhebung des Pico do

**Außerhalb der Saison herrscht in Vila Baleira, dem Hauptort Porto Santos, noch dörflicher Friede.**

Facho mit 517 Metern, nur geringer Vegetation und einer Landebahn für militärische Zwecke, die die geringe Breite von 6 Kilometern durchschneidet, ist die Insel lange nicht so attraktiv wie ihre große Schwester. Mit dem neuen Campingplatz und vielen Wassersportmöglichkeiten ist Porto Santo vor allem Badeinsel für die Madeirenser und für die Touristen.

Historisch hat sie jedoch fast mehr vorzuweisen als Madeira: Christoph Kolumbus kam zwar 1474 als Zuckerhändler auf die Hauptinsel des Archipels, heiratete aber auf Porto Santo die Tochter des Gouverneurs D. Felipa Moniz. Erst seit 1989 bemüht sich Porto Santo, in einem unscheinbaren alten Haus im Hauptort *Vila Baleira* ein *Museum* zu Ehren von Kolumbus aufzubauen: Vielleicht hat der große Entdecker an dieser Stelle tatsächlich für einige Tage gewohnt.

Überliefert ist auch, daß die Seefahrer Zarco und Teixeira zunächst einige Monate auf Porto Santo verbrachten, bevor sie die Landungsmöglichkeiten an Madeiras Steilküsten erkundeten. Man nimmt an, daß lange bevor die portugiesischen Entdecker kamen, Menschen in den Höhlen des Berges Ana Fereira im Westen Porto Santos gelebt haben: Hier hat man die Spuren der wohl ersten menschlichen Besiedlung des Archipels gefunden.

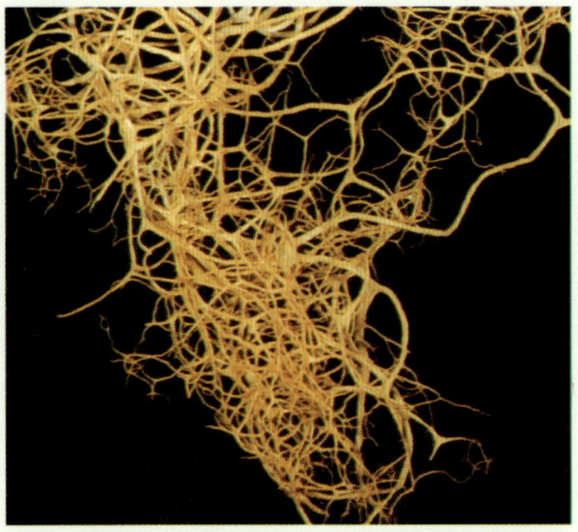

## UNAUFDRINGLICHE SCHÖNHEITEN

### Flechten auf Madeira

*Mit der Pracht exotischer Blüten können sie nicht wetteifern, ihr Reiz erschließt sich erst aus der Nähe – wer aber einmal Interesse an ihnen gewonnen hat, wird mit noch mehr Entdeckerfreude auf der Insel wandern.*

**Oben: Lethariella canariensis im Lorbeerwald.**
**Unten: Placopsis gelida auf dem Paúl da Serra.**

Flechten sind kuriose Doppelwesen: Sie bestehen aus einem Pilz, der den Flechtenkörper aufbaut, und einer darin lebenden Alge, die den Pilz mit Nahrung versorgt. Diese Gemeinschaft kann über viele Jahrzehnte andauern; jedoch sind Flechten anfällig gegenüber sich verändernden Umweltbedingungen, wie etwa Luftverunreinigungen, so daß weite Teile Mitteleuropas ihnen kaum noch Lebensraum bieten. Auf Madeira aber hat sich eine Vielfalt von Arten erhalten, und schon wenig nördlich von Funchal kann man auf Beispiele stoßen: An den Obstbäumen entlang der Levadas findet sich die zierliche gelb-weiße *Teloschistes chrysophthalmus,* die einst auch in Deutschland weit verbreitet war, heute hier ausgestorben ist.

Bei Wanderungen in Küstennähe sind an Felsüberhängen die Vertreter der *Roccellen* zu entdecken, die ehemals eine wichtige Rolle als Lieferanten natürlicher Textilfarbstoffe spielten: Ihre Ernte im Sechs-Jahres-Rhythmus war ein willkommenes Zubrot für die Bevölkerung, wenn auch manch waghalsiger Kletterer am steilen Fels den Tod fand. Die Flechten dieser Gruppe benötigen zum Überleben salzhaltige Feuchtigkeit, so daß sie nur bis in 400 Meter Höhe vorkommen: Man sollte an den Terrassenmauern oberhalb von Porto Moniz und an der felsigen Nordküste auf sie achten.

Am besten ausgebildet ist die Flechtenflora aber in der Wolkenzone der Nordseite zwischen 700 und 1700 Metern Höhe: Hier fühlt sie sich wohl im Lorbeer- und Baumheidenwald, der oft neblig und vor allem reich an Niederschlag ist, über den die Flechten ihren gesamten Wasser- und Nährstoffbedarf regeln. 20 bis 40 Zentimeter lang hängen die grünlichen bis orangefarbenen Bärte der *Usneen-Gruppe* im Geäst der Bäume; daneben sieht man auch Blattflechten wie die *Lobaria pulmonaria* (Lungenflechte), die früher in Deutschland häufig als Mittel gegen Lungenkrankheiten verwendet wurde.

Unterhalb vom Paúl da Serra findet man an Felswänden hellgraue Strauchflechten der Gattung *Stereocaulon,* die aus der Nähe betrachtet von korallenartiger Schönheit sind; und auf Steinblöcken bildet die Krustenflechte *Placopsis gelida* markstückgroße Lager.

Auch wenn es bisher kein bebildertes Bestimmungsbuch zu den Flechten Madeiras gibt, so kann der Naturfreund sich doch in jeder Bibliothek mit Grundkenntnissen ausstatten – oder sich nur an etwas Schönem freuen, dessen Namen er nicht weiß! *Ulrich Kirschbaum*

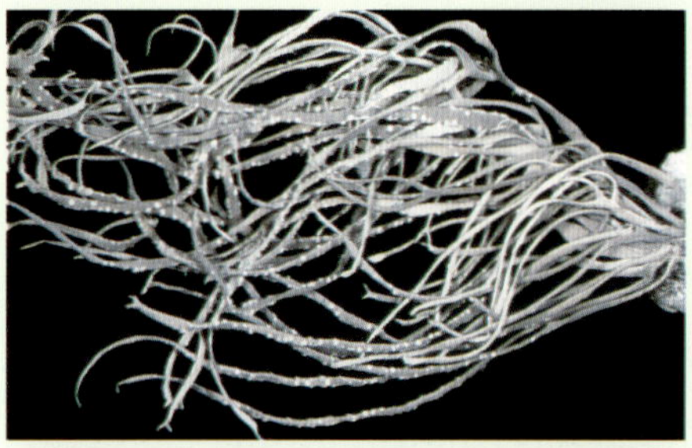

**Oben: Ein Exemplar der Roccella maderensis.**
**Unten: Flechte im Baumgeäst bei Funchal.**

**Mitte: Eine der für Porto Santo charakteristischen Windmühlen.**

**Rechts: Bei Ribeiro Frio. Zu den vielen natürlichen Reizen Madeiras gehören seine Wasserfälle, ob sie nun schmale Rinnsale sind oder kaskadenartig herabstürzen.**

Auf der kargen Insel leben etwa 5000 Menschen. Weintrauben, Feigen, Kürbisse und Melonen werden angepflanzt, das Mineralwasser Áquas do Porto Santo wird nach Funchal exportiert. Die pittoresken *Windmühlen* zeugen davon, daß noch bis in die Mitte unseres Jahrhunderts sogar auf Porto Santo Getreide angebaut und gemahlen wurde. Es gibt Bemühungen einer kleinen Baumschule, auch für diese versteppte Insel die ur-

**Unten: Der Fischerhafen von Porto Moniz ist einer der bedeutendsten an der Nordküste.**

sprüngliche Vegetation wieder herzustellen: Drachenbäume, die früher das als Farbstoff begehrte «Drachenblut» lieferten, Baumheide, Wacholder und Lorbeerbäume sollen neu angepflanzt werden. Bis die teilweise erodierten Hänge wieder begrünt sein werden, wird jedoch noch viel Zeit vergehen.

Außer dem Museum für Kolumbus lohnt sich als Sehenswürdigkeit in Vila Baleira nur noch das *Rathaus* aus dem 16. Jahrhundert, ein schönes Beispiel einfacher portugiesischer Renaissancearchitektur.
In Porto Santos Weinort *Camacha* gibt es außer einer alten Windmühle wenig zu sehen – man sollte aber von dem hellen Madeira Porto Santos probieren.
Um romantische Sonnenuntergänge zu erleben, bietet sich der Aussichtspunkt *Portela* im Süden der Insel an. Etwas weiter nördlich steht die *Capela de Nossa Senhora da Graca* (Gnadenkapelle), deren Gründung im 15. Jahrhundert im Zusammenhang mit einer Marienerscheinung stand. Einen weiten Blick aufs Meer hat man bei einem guten Fischgericht von *Ponta da Calheta* aus. *76/77*

**RIBEIRO FRIO** ⑰ («Kalter Fluß»). Ort und Fluß gleichen Namens liegen nördlich von Funchal auf der anderen Seite des Poiso-Passes in 860 Metern Höhe. Das kalte Gebirgswasser wird hier in die Becken einer *Forellenzucht* geleitet. Die Forellen, die mit dem sauerstoffreichen, klaren Bach ideale Bedingungen vorfinden, werden in anderen Flüssen der Insel ausgesetzt oder auch verkauft; nebenan in «Victor's Bar» und im «Casa de Chá» von Lombo de Baixo werden sie täglich frisch serviert. Im *Park der Forststation* sind die Lorbeerbaumarten des ursprünglichen Laurazeenwaldes vertreten und beschriftet. Westlich liegt der Aussichtspunkt *Balcões. 33*

**SANTANA** ⑱ (Kurzform von Santa Ana). Der Ort bietet nichts Aufregendes, doch sind die etwa hundert *Santana-Häuschen* mit ihren bis auf die Erde gezogenen Dächern und bunt gestrichenen Fensterläden, die es nur hier gibt, eine besondere Augenweide. In diesen klei-

nen Häusern gibt es meist pro Stockwerk nur ein Zimmer. Wegen der Feuergefahr war die Kochstelle immer außerhalb; auch für sanitäre Anlagen bleibt kein Raum. Da die Santana-Häuschen nicht mehr den Anforderungen eines modernen Wohnkomforts entsprechen, gibt es nur noch wenige von ihnen, die dann häufig statt mit Stroh mit Wellblech gedeckt sind: Ein Strohdach auf Madeira bedarf nämlich alle fünf Jahre der Erneuerung und ist heutzutage äußerst kostspielig, weil in Santana kaum noch Getreide angebaut wird. Da der Erhalt dieses Wahrzeichens von Santana aus touristischen Gründen gefördert wird, sind im Ortskern «Musterhäuschen» aufgebaut, die man besichtigen kann.
Der Regen läßt die Hänge um den Ort in Grüntönen schwelgen. Die Felder werden mit Buchsbaum und Hortensienhecken vor dem Wind geschützt. Nur die Vielzahl der Blumen in den Hausgärten unterbrechen das satte Grün. Von hier bis nach *São Jorge* wächst in 200 bis 300 Meter Höhe die Rebe des berühmtesten Madeiraweines, des Malvasiers. Bis in den August hängen schwer die grüngelben Trauben, die sich bei der Reifung ins Rötliche färben, von den Stellagen herab. Das Weingut *Quinta do Furão*, im Ortsteil Achada do Gramacho direkt am Meer

## FRÜCHTEKALENDER

| FRÜCHTE | MONAT | | | | | | | | | | | |
|---|---|---|---|---|---|---|---|---|---|---|---|---|
| | 1 | 2 | 3 | 4 | 5 | 6 | 7 | 8 | 9 | 10 | 11 | 12 |
| Anonas | ■ | ■ | ■ | ■ | | | | | | | ■ | ■ |
| Äpfel | | | | | | | | | ■ | ■ | ■ | ■ |
| Aprikosen | | | | | | ■ | ■ | | | | | |
| Avocados | | | | | | | | | ■ | ■ | ■ | ■ |
| Bananen | ■ | ■ | ■ | ■ | ■ | ■ | ■ | ■ | ■ | ■ | ■ | ■ |
| Baumtomaten | ■ | ■ | ■ | ■ | ■ | ■ | | | | | | ■ |
| Birnen | | | | | | | | | ■ | ■ | ■ | ■ |
| Brombeeren | | | | | | | | | ■ | ■ | | |
| Erdbeeren | | | | ■ | ■ | ■ | | | | | | |
| Eßkastanien | | | | | | | | | | | ■ | ■ |
| Granatäpfel | | | | | | | ■ | ■ | ■ | ■ | | |
| Grapefruits | | | | | | | ■ | ■ | ■ | ■ | | |
| Guaven | ■ | ■ | | | | | | | | ■ | ■ | ■ |
| Heidelbeeren | ■ | ■ | ■ | | | | | | | | ■ | ■ |
| Kaktusfeigen | | | | | | | | | ■ | ■ | | |
| Kapst. Stachelbeeren | | | | | | | | ■ | ■ | | | |
| Kirschen | | | | | ■ | ■ | | | | | | |
| Mandarinen | ■ | ■ | | | | | | | | | ■ | ■ |
| Mangos | | | | | | | | | ■ | ■ | ■ | ■ |
| Maracujas | | | | | | | | ■ | ■ | ■ | | |
| Melonen | | | | | | | ■ | ■ | ■ | | | |
| Mispeln | ■ | ■ | ■ | ■ | ■ | ■ | | | | | | |
| Nektarinen | | | | | | | | ■ | | | | |
| Orangen | ■ | ■ | ■ | | | | | | | | | |
| Papayas | | | | | ■ | ■ | ■ | ■ | ■ | | | |
| Pfirsiche | | | | | | ■ | ■ | ■ | ■ | ■ | | |
| Pflaumen | | | | | | ■ | ■ | | | | | |
| Philodendren | | | | | | ■ | ■ | ■ | ■ | | | |
| Quitten | | | | | | | | | ■ | | | |
| Tangerinen | ■ | ■ | | | | | | | | | ■ | ■ |
| Walnüsse | | | | | | | | | ■ | | | |
| Weintrauben | | | | | | | | ■ | ■ | | | |
| Zitronen | ■ | ■ | ■ | | | | | | | | | |

(von den Autoren zusammengestellt)

und zum Essen ein. Im September kann der Besucher bei der Weinernte helfen.

Oberhalb von Santana stehen weiter im Süden die zwei staatlichen «Casas de Abrigo» des Naturparks von *Queimadas*. Auch wenn der «Normaltourist» dort keine Unterkunft reservieren kann, lohnt sich der Besuch. Ein Picknickhäuschen schützt vor Regen, was in diesem Klimabereich wichtig werden kann. Von hier aus sind Aufstiege zum Pico Ruivo, Wanderungen entlang der Levada do Caldeirão Verde mit ihren Wasserfällen oder auch nur Spaziergänge durch den Naturpark möglich. *18*

**SANTO DA SERRA** ⑲ («Heiliger des Gebirges»). Der nordöstlich von Funchal etwa 600 Meter hoch gelegene Ort war das Eldorado der Engländer. Sie bauten hier nicht nur ihre Refugien, um der Hitze Funchals im Hochsommer zu entfliehen, sondern legten auch einen Golfplatz an, der inzwischen erweitert worden ist. Auf einer Anhöhe steht das neue Klubhaus mit Bar und Restaurant.

Der angrenzende Park gehörte früher der Familie Blandy, wurde aber bereits im Jahr 1916 vom Staat übernommen. Folgt man dem Pflasterweg bis zum Ende, gelangt man zu einem Aussichtspunkt, der das englische Erbe in seinem Namen bewahrt hat: *Miradouro dos Ingleses* (Aussichtspunkt der Engländer). Der ehemalige Hausherr und Kaufmann Blandy soll sich von hier aus die Ankunft der Handelsschiffe haben melden lassen. Die große Quinta ist noch in dem originalen Altrosa getüncht. Die Regierung hat diesen Park der Bevölkerung von Madeira zur Erholung überlassen, und so wird er am Wochenende von zahlreichen Madeirensern zum Fußballspielen, Picknicken und Spazierengehen genutzt. *41*

**SÃO VICENTE** ⑳. Der kleine Ort liegt an der Mündung des gleichnamigen Flusses, am Ende der Straße über den → *Encumeada* und am Anfang der schmalen Küstenstraße auf der man → *Porto Moniz* erreicht. Entlang des Flusses wächst an den Hängen das «Arbeitspferd» der Madeira-Weintrauben, die süße, dunkelblaue, weiche Traube Tinta Negra Mole, die die Grundlage für den berühmten Madeira-Verschnitt bildet: Sie zeichnet sich durch die Besonderheit aus, den Geschmack der noblen Sorten anzunehmen *(siehe auch Seite 28)*. Die Terrassen bei São Vicente, *Seixal* und schließlich auch *Ribeira da Janela*, die gut dem Seeklima ausgesetzt sind, werden auch für die hellen Weintrauben der edlen Sorten Boal, Verdelho und Serçial genutzt.

### HERZHAFTE FRUCHT

Immer wieder fragen die Madeirenser den Feriengast danach, ob er denn schon «ihre Anona» probiert hat: Von Dezember bis April werden die faustgroßen, herzförmigen Früchte auf Funchals Markt angeboten; charakteristisch ist ihre schuppenartige Haut, die regelmäßige, flache Dellen aufweist. Am besten schmeckt die Anona, wenn sie sich eindrücken läßt und ihr grünlicher Farbton gerade beginnt, ins Bräunliche überzugehen. Daß Umschreibungen wie «Rahm-» oder «Zimtapfel» das Aroma der Anona nur höchst ungenau wiedergeben, merkt man bei ihrem Verzehr, für den man sie einfach in der Mitte durchschneidet und auslöffelt; die Kerne werden ausgespuckt. Wenn man sie mit etwas Zitronensaft und Madeirawein beträufelt, wird die Anona zu einer wirklichen Delikatesse – und sie ist ein inseltypisches Souvenir, das man daheim noch nachreifen lassen kann.

Dank des Weinanbaus konnte São Vicente es sich leisten, seine Häuser zu renovieren. Heute ist der Ort regelmäßiger Stopp für Touristen, die durch die mit Blumen reich dekorierten Straßen schlendern, auf dem malerischen Friedhof die Fotos der Verstorbenen betrachten, die bunt bemalte Holzdecke der *Pfarrkirche* (17. Jahrhundert) bewundern, in einem kleinen, öffentlichen Garten sich mit der Vegetation der Nordküste vertraut machen und schließlich in einem Restaurant mit Meeresblick essen. *65*

**Links:** Ein üppiger Blumengarten steigert noch die Farbigkeit dieses Santana-Hauses.

**Rechts:** Die Anona reift in höheren Lagen der Insel an Bäumen, die acht bis zwölf Meter hoch werden.

**Unten:** Felsentunnel bei São Vicente.

Funchals Markthalle mit ihrem vielfältigen Angebot an allem, was Herz und Magen begehren, macht es unverständlich, daß man in Madeiras Restaurants nicht selten Dosenerbsen serviert bekommt – und weckt den Neid auf jene Touristen, die über eine eigene Kochgelegenheit verfügen.

Blick vom vielbesuchten Aussichtspunkt Eira do Serrado auf Curral das Freiras und die umgebenden Bergmassive.

«Kontrastprogramm» zu Madeira: Kilometerweit erstrecken sich die Sandstrände der Nachbarinsel Porto Santo.

Das Cabo Girão westlich von Funchal gehört mit 580 Metern zu den höchsten Kliffs der Welt.

**Hubert Stadler,** freier Fotograf. Im Verlag C.J. Bucher u.a. Bildautor des Reisebildbands «Argentinien».

## TEXTNACHWEIS

Ulrich Kirschbaum, Autor des Textes auf Seite 70, ist Professor für Ökologie an der Fachhochschule Gießen. Sein Spezialgebiet sind biologische Meßverfahren zum Nachweis von Umweltbelastungen.

Maurice von Komorowicz: An sonnigen Gestaden. Stimmungsbilder aus dem subtropischen Afrika. Berlin, Schillerbuchhandlung Verlag GmbH 1911: S. 1.

**Wendula Dahle,** seit 1971 Professorin im Fachbereich Kommunikations- und Kulturwissenschaft der Universität Bremen mit Schwerpunkt Germanistik.

## BILDNACHWEIS

Fotostudio Vicentes, Funchal (© Wendula Dahle): S. 60/61, 61 u.
Wendula Dahle/Wolfgang Leyerer, Bremen: S. 6 l. M., 10, 14 o. und l. u., 34 M., 37 o., 48 o. l. und u., 57 u., 63 r. u., 66 o., r. M. und u., 70 r., 71 o. M., 72 r. M.
Ulrich Kirschbaum, Wettenberg: S. 70 l. o. und u., M. o. und u.
Robert Teufelhart, Oberroth: S. 69 M.
Klaus Thiele, Warburg: S. 19 M., 32 o., 36/37

Alle übrigen Fotos stammen von Hubert Stadler, Fürstenfeldbruck.
Die Karten auf Seite 57, 64 und 71 zeichnete Astrid Fischer-Leitl, München.

Seite 1: Korbschlittenfahrer in Monte.

Wir danken allen Rechteinhabern für die Erlaubnis zu Nachdruck und Abbildung. Trotz intensiver Bemühungen war es nicht möglich, alle Rechteinhaber zu ermitteln. Wir bitten diese, sich an den Verlag zu wenden.

Alle Angaben dieses Bandes wurden von den Autoren sorgfältig recherchiert und vom Verlag auf Stimmigkeit und Aktualität geprüft. Allerdings kann keine Haftung für die Richtigkeit der Informationen übernommen werden. Für Hinweise und Anregungen sind wir jederzeit dankbar. Zuschriften bitte an Verlag C.J. Bucher, Lektorat, Goethestraße 43, 80336 München.

**Wolfgang Leyerer,** Lehrbeauftragter für Medienwissenschaften an der Universität Bremen. Freiberuflich als Fotograf tätig.

Weitere Titel aus dieser Reihe:

Große Bildbände zu europäischen Reisezielen:

## REISEN IN EUROPA · MADEIRA

Konzeption: Axel Schenck
Lektorat: Katrin Ritter, Barbara Schnabel
Bildgestaltung: Joachim Hellmuth
Graphische Gestaltung: Martina Lingler
Herstellung: Kristina Kaiser, Angelika Kerscher

Technische Produktion: OK Satz, Unterschleißheim;
Fotolitho Stampfer, I-Bozen;
Bentrup Druck, Bielefeld

© 1995 by Verlag C.J. Bucher GmbH, München
Alle Rechte vorbehalten
Printed and bound in Germany
ISBN 3 7658 1035 5

Die Nationen Europas
DIE BALTISCHEN STAATEN
ESTLAND LETTLAND LITAUEN
ISBN 3-7658-0969-1
DÄNEMARK
ISBN 3-7658-0737-0
DEUTSCHLAND
ISBN 3-7658-0961-6
ENGLAND
ISBN 3-7658-0863-6
FINNLAND
ISBN 3-7658-0942-X
FRANKREICH
ISBN 3-7658-0888-1
GRIECHENLAND
ISBN 3-7658-1015-0
IRLAND
ISBN 3-7658-0923-3
ITALIEN
ISBN 3-7658-0973-X
NORWEGEN
ISBN 3-7658-0859-8
Die einzigartige Dokumentation über die Länder Europas: Kultur und Geschichte, Alltag und Lebensgefühl. DIE NATIONEN EUROPAS – Bücher, die Informationen und Bildgenuß bieten, die Lebensart und Atmosphäre vermitteln.
ÖSTERREICH
ISBN 3-7658-1025-8
PORTUGAL
ISBN 3-7658-1030-4
RUSSLAND
ISBN 3-7658-0889-6
SCHOTTLAND
ISBN 3-7658-0878-4
SCHWEDEN
ISBN 3-7658-0943-8
SCHWEIZ
ISBN 3-7658-0974-8
SPANIEN
ISBN 3-7658-0762-1
UNGARN
ISBN 3-7658-0813-X
Jeder Band 160 Seiten. Durchgehend farbig, historische Bilddokumentation, Karten, Themen-Essays.
Format 24 x 30 cm.
Gebunden, mit farbigem Schutzumschlag, farbige Europakarte in Vor- und Hintersatz.
BUCHER
Maßstab für Bildbandqualität